Histoire d'Aladdin
ou
La Lampe merveilleuse

Les Mille et Une Nuits

Histoire d'Aladdin ou La Lampe merveilleuse

Traduction d'Antoine Galland

Librio

Texte intégral

HISTOIRE D'ALADDIN

OU

LA LAMPE MERVEILLEUSE

La sultane Scheherazade, en achevant l'histoire d'Abou Hassan, avait promis au sultan Schahriar de lui en raconter une autre le lendemain, qui ne le divertirait pas moins. Dinarzade, sa sœur, ne manqua pas de la faire souvenir avant le jour de tenir sa parole, et que le sultan lui avait témoigné qu'il était prêt à l'entendre. Aussitôt Scheherazade, sans se faire attendre, lui raconta l'histoire qui suit, en ces termes :

Sire, dans la capitale d'un royaume de la Chine, très riche et d'une vaste étendue, dont le nom ne me vient pas présentement à la mémoire, il y avait un tailleur nommé Mustafa, sans autre distinction que celle que sa profession lui donnait. Mustafa le tailleur était fort pauvre, et son travail lui produisait à peine de quoi les faire subsister lui et sa femme, et un fils que Dieu leur avait donné.

Le fils, qui se nommait Aladdin, avait été élevé d'une manière très négligée, et qui lui avait fait contracter des inclinations vicieuses. Il était méchant, opiniâtre, désobéissant à son père et à sa mère. Sitôt qu'il fut un peu grand, ses parents ne le purent retenir à la maison ; il sortait dès le matin, et il passait les journées à jouer dans les rues et dans les places publiques avec de petits vagabonds qui étaient même au-dessous de son âge.

Dès qu'il fut en âge d'apprendre un métier, son père, qui n'était pas en état de lui en faire apprendre un autre que le sien, le prit en sa boutique, et commença à lui montrer de quelle manière il devait manier l'aiguille ; mais ni par douceur, ni par crainte d'aucun châtiment, il ne fut pas possible au père de fixer l'esprit volage de son fils : il ne put le contraindre à se contenir et à demeurer assidu et attaché au travail, comme il le souhaitait. Sitôt que Mustafa avait le dos tourné, Aladdin s'échappait, et il ne revenait plus de tout le jour. Le père le châtiait ; mais Aladdin était incorrigible, et, à son grand regret, Mustafa fut obligé de l'abandonner à son libertinage. Cela lui fit beaucoup de peine ; et le chagrin de ne pouvoir faire rentrer ce fils dans son devoir lui causa une maladie si opiniâtre qu'il en mourut au bout de quelques mois.

La mère d'Aladdin, qui vit que son fils ne prenait pas le chemin d'apprendre le métier de son père, ferma la boutique et fit de l'argent de tous les ustensiles de son métier, pour l'aider à subsister, elle et son fils, avec le peu qu'elle pourrait gagner à filer du coton.

Aladdin, qui n'était plus retenu par la crainte d'un père, et qui se souciait si peu de sa mère qu'il avait même la hardiesse de la menacer à la moindre remontrance qu'elle lui faisait, s'abandonna alors à un plein libertinage. Il fréquentait de plus en plus les enfants de son âge, et ne cessait de jouer avec eux avec plus de passion qu'auparavant. Il continua ce train de vie jusqu'à l'âge de quinze ans, sans aucune ouverture d'esprit pour quoi que ce soit et sans faire réflexion à ce qu'il pourrait devenir un jour. Il était dans cette situation, lorsqu'un jour qu'il jouait au milieu d'une place avec une troupe de vagabonds, selon sa coutume, un étranger qui passait par cette place s'arrêta à le regarder.

Cet étranger était un magicien insigne que les auteurs qui ont écrit cette histoire nous font connaître sous le nom de Magicien Africain : c'est ainsi que nous l'appellerons, d'autant plus volontiers qu'il était véritablement d'Afrique, et qu'il n'était arrivé que depuis deux jours.

Soit que le magicien africain, qui se connaissait en physionomie, eût remarqué dans le visage d'Aladdin tout ce qui était absolument nécessaire pour l'exécution de ce qui avait fait le sujet de son voyage, ou autrement, il s'informa adroitement de sa famille, de ce qu'il était et de son inclination. Quand il fut instruit de tout ce qu'il souhaitait, il s'approcha du jeune homme, et, en le tirant à part à quelques pas de ses camarades : « Mon fils, lui demanda-t-il, votre père ne s'appelle-t-il pas Mustafa le tailleur ? – Oui, Monsieur, répondit Aladdin ; mais il y a longtemps qu'il est mort. »

A ces paroles, le magicien africain se jeta au cou d'Aladdin, l'embrassa et le baisa par plusieurs fois les larmes aux yeux, accompagnées de soupirs. Aladdin, qui remarqua ses larmes, lui demanda quel sujet il avait de pleurer. « Ah ! mon fils ! s'écria le magicien africain, comment pourrais-je m'en empêcher ? Je suis votre oncle, et votre père était mon bon frère. Il y a plusieurs années que je suis en voyage, et, dans le moment que j'arrive ici avec l'espérance de le revoir et de lui donner de la joie de mon retour, vous m'apprenez qu'il est mort. Je vous assure que c'est une douleur bien sensible pour moi de me voir privé de la consolation à laquelle je m'attendais. Mais ce qui soulage un peu mon affliction, c'est que, autant que je puis m'en souvenir, je reconnais ses traits sur votre visage, et je vois que je ne me suis pas trompé en m'adressant à vous. » Il demanda à Aladdin, en mettant la main à la bourse, où demeurait sa mère. Aussitôt Aladdin satisfit à sa demande, et le magicien africain lui donna en même temps une poignée de menue monnaie, en lui disant : « Mon fils, allez trouver votre mère, faites-lui bien mes compliments, et dites-lui que j'irai la voir demain, si le temps me le permet, pour me donner la consolation de voir le lieu où mon bon frère a vécu si longtemps et où il a fini ses jours. »

Dès que le magicien africain eut laissé le neveu qu'il venait de se faire lui-même, Aladdin courut chez sa mère, bien joyeux de l'argent que son oncle venait de lui donner. « Ma mère, lui dit-il en arrivant, je vous prie de me dire si j'ai un oncle. – Non, mon fils, lui répondit la mère, vous n'avez point d'oncle du côté de feu votre père ni du mien. – Je viens cependant, reprit Aladdin, de voir un homme qui se dit mon oncle du côté de mon père, puisqu'il était son frère, à ce qu'il m'a assuré ; il s'est même mis à pleurer et à m'embrasser quand je lui ai dit que mon père était mort. Et, pour marque que je dis la vérité, ajouta-t-il en lui montrant la monnaie qu'il avait reçue, voilà ce qu'il m'a donné. Il m'a aussi chargé de vous saluer de sa part et de vous dire que demain, s'il en a le temps, il viendra vous saluer, pour voir en même temps la maison où mon père a vécu et où il est mort. – Mon fils, repartit la mère, il est vrai que votre père avait un frère ; mais il y a longtemps qu'il est mort, et je ne lui ai jamais entendu dire qu'il en eût un autre. » Ils n'en dirent pas davantage touchant le magicien africain.

Le lendemain, le magicien africain aborda Aladdin une seconde fois, comme il jouait dans un autre endroit de la ville avec d'autres enfants. Il l'embrassa comme il avait fait le jour précédent, et, en lui mettant deux pièces d'or dans la main, il lui dit : « Mon fils, portez cela à votre mère, et dites-lui que j'irai la voir ce soir, et qu'elle achète de quoi souper, afin que nous mangions ensemble ; mais auparavant enseignez-moi où je trouverai la maison. » Il le lui enseigna, et le magicien africain le laissa aller.

Aladdin porta les deux pièces d'or à sa mère ; et, dès qu'il lui eut dit quelle était l'intention de son oncle, elle sortit pour les aller employer, et revint avec de bonnes provisions ; et, comme elle était dépourvue d'une bonne partie de la vaisselle dont elle avait besoin, elle alla en emprunter chez ses voisins. Elle employa toute la journée à préparer le souper ; et sur le soir, dès que tout fut prêt, elle dit à Aladdin : « Mon fils, votre oncle ne sait peut-être pas où est notre maison ; allez au-devant de lui, et l'amenez si vous le voyez. »

Quoique Aladdin eût enseigné la maison au magicien africain, il était prêt néanmoins de sortir quand on frappa à la porte. Aladdin ouvrit, et il reconnut le magicien africain, qui entra chargé de bouteilles de vin et de plusieurs sortes de fruits qu'il apportait pour le souper.

Après que le magicien africain eut mis ce qu'il apportait entre les mains d'Aladdin, il salua sa mère, et il la pria de lui montrer la place où son frère Mustafa avait coutume de s'asseoir sur le sofa. Elle la lui montra ; et aussitôt il se prosterna, et il baisa cette place plusieurs fois les larmes aux yeux, en s'écriant : « Mon pauvre frère, que je suis malheureux de n'être pas arrivé assez à temps pour vous embrasser encore une fois avant votre mort ! » Quoique la mère d'Aladdin l'en priât, jamais il ne voulut s'asseoir à la même place. « Non, dit-il, je m'en garderai bien ; mais souffrez que je me mette ici vis-à-vis, afin que, si je suis privé de la satisfaction de l'y voir en personne, comme père d'une famille qui m'est si chère, je puisse au moins l'y regarder comme s'il était présent. » La mère d'Aladdin ne le pressa pas davantage, et elle le laissa dans la liberté de prendre la place qu'il voulut.

Quand le magicien africain se fut assis à la place qu'il lui avait plu de choisir, il commença de s'entretenir avec la mère d'Aladdin. « Ma bonne sœur, lui disait-il, ne vous étonnez point de ne m'avoir pas vu tout le temps que vous avez été mariée avec mon frère Mustafa d'heureuse mémoire ; il y a quarante ans que je suis sorti de ce pays, qui est le mien aussi bien que celui de feu mon frère. Depuis ce temps-là, après avoir voyagé dans les Indes, dans la Perse, dans l'Arabie, dans la Syrie, en Égypte, et séjourné dans les belles villes de ces pays-là, je passai en Afrique, où j'ai fait un plus long séjour. A la fin, comme il est naturel à l'homme, quelque éloigné qu'il soit du pays de sa naissance, de n'en perdre jamais la mémoire, non plus que de ses parents et de ceux avec qui il a été élevé, il m'a pris un désir si efficace de revoir le mien et de venir embrasser mon cher frère, pendant que je me sentais encore assez de force et de courage pour entreprendre un si long voyage, que je n'ai pas différé à faire mes préparatifs et à me mettre en chemin. Je ne vous dis rien de la longueur du temps que j'y ai mis, de tous les obstacles que j'ai rencontrés et de toutes les fatigues que j'ai souffertes pour arriver jusqu'ici ; je vous dirai seulement que rien ne m'a mortifié et affligé davantage, dans tous mes voyages, que quand j'ai appris la mort d'un frère que j'avais toujours aimé, et que j'aimais d'une amitié véritablement fraternelle. J'ai remarqué de ses traits dans le visage de mon neveu votre fils, et c'est ce qui me l'a fait distinguer par-dessus tous les autres enfants avec qui il était. Il a pu vous dire de quelle manière j'ai reçu la triste nouvelle qu'il n'était plus au monde ; mais il faut louer Dieu de toutes choses. Je me console de le retrouver dans un fils qui en conserve les traits les plus remarquables. »

Le magicien africain, qui s'aperçut que la mère d'Aladdin s'attendrissait sur le souvenir de son mari, en renouvelant sa douleur, changea de discours, et, en se tournant du côté d'Aladdin, il lui demanda son nom. « Je m'appelle Aladdin, lui dit-il. – Hé bien, Aladdin, reprit le magicien, à quoi vous occupez-vous ? Savez-vous quelque métier ? »

A cette demande, Aladdin baissa les yeux et fut déconcerté ; mais sa mère, en prenant la parole : « Aladdin, dit-elle, est un fainéant. Son père a fait tout son possible, pendant qu'il vivait, pour lui apprendre son métier, et il n'a pu en venir à bout ; et depuis qu'il est mort, nonobstant tout ce que j'ai pu lui dire et ce que je lui répète chaque jour, il ne fait autre métier que de faire le vagabond et passer tout son temps à jouer avec les enfants, comme vous l'avez vu, sans considérer qu'il n'est plus enfant ; et, si vous ne lui en faites la honte et qu'il n'en profite pas, je désespère que jamais il puisse rien valoir. Il sait que son père n'a laissé aucun bien, et il voit lui-même qu'à filer du coton pendant tout le jour comme je fais j'ai bien de la peine à gagner de quoi nous avoir du pain. Pour moi, je suis résolue de lui fermer la porte un de ces jours, et de l'envoyer en chercher ailleurs. »

Après que la mère d'Aladdin eut achevé ces paroles en fondant en larmes, le magicien africain dit à Aladdin : « Cela n'est pas bien, mon neveu, il faut songer à vous aider vous-même et à gagner votre vie. Il y a des métiers de plusieurs sortes ; voyez s'il n'y en a pas quelqu'un pour lequel vous ayez inclination plutôt que pour un autre. Peut-être que celui de votre père vous déplaît, et que vous vous accommoderiez mieux d'un autre : ne me dissimulez point ici vos sentiments, je ne cherche qu'à vous aider. » Comme il vit qu'Aladdin ne répondait rien : « Si vous avez de la répugnance pour apprendre un métier, continua-t-il, et que vous vouliez être honnête homme, je vous lèverai une boutique garnie de riches étoffes et de toiles fines ; vous vous mettrez en état de les vendre, et, de l'argent que vous en ferez, vous en achèterez d'autres marchandises, et de cette manière vous vivrez honorablement. Consultez-vous vous-même, et dites-moi franchement ce que vous en pensez ; vous me trouverez toujours prêt de tenir ma promesse. »

Cette offre flatta fort Aladdin, à qui le travail manuel déplaisait d'autant plus qu'il avait assez de connaissances pour s'être aperçu que les boutiques de ces sortes de marchandises étaient propres et fréquentées, et que les marchands étaient bien habillés et fort considérés. Il marqua au magicien africain, qu'il regardait comme son oncle, que son penchant était plutôt de ce côté-là que d'aucun autre, et qu'il lui serait obligé toute sa vie du bien qu'il voulait lui faire. « Puisque cette profession vous agrée, reprit le magicien africain, je vous mènerai demain avec moi, et je vous ferai habiller proprement et richement, conformément à l'état d'un des plus gros marchands de cette ville ; et après-demain nous songerons à vous lever une boutique de la manière que je l'entends. »

La mère d'Aladdin, qui n'avait pas cru jusqu'alors que le magicien africain fût frère de son mari, n'en douta nullement après tout le bien qu'il promettait de faire à son fils. Elle le remercia de ses bonnes intentions, et, après avoir exhorté Aladdin à se rendre digne de tous les biens que son oncle lui faisait espérer, elle servit le souper. La conversation roula sur le même sujet pendant tout le repas, et jusqu'à ce que le magicien, qui vit que la nuit était avancée, prît congé de la mère et du fils et se retirât.

Le lendemain matin, le magicien africain ne manqua pas de revenir chez la veuve de Mustafa le tailleur, comme il l'avait promis. Il prit Aladdin avec lui, et il le mena chez un gros marchand qui ne vendait que des habits tout faits, de toutes sortes de belles étoffes, pour les différents âges et conditions. Il s'en fit montrer de convenables à la grandeur d'Aladdin, et, après avoir mis à part tous ceux qui lui plaisaient davantage et rejeté les autres qui n'étaient pas de la beauté qu'il entendait, il dit à Aladdin : « Mon neveu, choisissez dans tous ces habits celui que vous aimez le mieux. » Aladdin, charmé des libéralités de son nouvel oncle, en choisit un, et le magicien l'acheta, avec tout ce qui devait l'accompagner, et paya le tout sans marchander.

Lorsque Aladdin se vit ainsi habillé magnifiquement depuis les pieds jusqu'à la tête, il fit à son oncle tous les remerciements imaginables, et le magicien lui promit encore de ne le point abandonner et de l'avoir toujours avec lui. En effet, il le mena dans les lieux les plus fréquentés de la ville, particulièrement dans ceux où étaient les boutiques des riches marchands ; et, quand il fut dans la rue où étaient les boutiques des plus riches étoffes et des toiles fines, il dit à Aladdin : « Comme vous serez bientôt marchand comme ceux que vous voyez, il est bon que vous les fréquentiez, et qu'ils vous connaissent. » Il lui fit voir aussi les mosquées les plus belles et les plus grandes, et le conduisit dans les khans où logeaient les marchands étrangers, et dans tous les endroits du palais du sultan où il était libre d'entrer. Enfin, après avoir parcouru ensemble tous les beaux endroits de la ville, ils arrivèrent dans le khan où le magicien avait pris un appartement. Il s'y trouva quelques marchands avec lesquels il avait commencé de faire connaissance depuis son arrivée, et qu'il avait assemblés exprès pour les bien régaler, et leur donner en même temps la connaissance de son prétendu neveu.

Le régal ne finit que sur le soir. Aladdin voulut prendre congé de son oncle pour s'en retourner ; mais le magicien africain ne voulut pas le laisser aller seul, et le reconduisit lui-même chez sa mère. Dès qu'elle eut aperçu son fils si bien habillé, elle fut transportée de joie ; et elle ne cessait de donner mille bénédictions au magicien, qui avait fait une si grande dépense pour son enfant. « Généreux parent, lui dit-elle, je ne sais comment vous remercier de votre libéralité. Je sais que mon fils ne mérite pas le bien que vous lui faites, et qu'il en serait indigne s'il n'en était reconnaissant et s'il négligeait de répondre à la bonne intention que vous avez de lui donner un établissement si distingué. En mon particulier, ajouta-t-elle, je vous en remercie encore de toute mon âme, et je vous souhaite une vie assez longue pour être témoin de la reconnaissance de mon fils, qui ne peut mieux vous la témoigner qu'en se gouvernant selon vos bons conseils.

– Aladdin, reprit le magicien africain, est un bon enfant ; il m'écoute assez, et je crois que nous en ferons quelque chose de bon. Je suis fâché d'une chose, de ne pouvoir exécuter demain ce que je lui ai promis. C'est jour de vendredi, les boutiques seront fermées, et il n'y aura pas lieu de songer à en louer une et à la garnir pendant que les marchands ne penseront qu'à se divertir. Ainsi nous remettrons l'affaire à samedi ; mais je viendrai demain le prendre, et je le mènerai promener dans les jardins où le beau monde a coutume de se trouver. Il n'a peut-être encore rien vu des divertissements qu'on y prend. Il n'a été jusqu'à présent qu'avec des enfants, il faut qu'il voie des hommes. » Le magicien africain prit enfin congé de la mère et du fils, et se retira. Aladdin cependant, qui était déjà dans une grande joie de se voir si bien habillé, se fit encore un plaisir par avance de la promenade des jardins des environs de la ville. En effet, jamais il n'était sorti hors des portes, et jamais il n'avait vu les environs, qui étaient d'une grande beauté et très agréables.

Aladdin se leva et s'habilla le lendemain de grand matin, pour être prêt à partir quand son oncle viendrait le prendre. Après avoir attendu longtemps, à ce qu'il lui semblait, l'impatience lui fit ouvrir la porte et se tenir sur le pas pour voir s'il ne le verrait point. Dès qu'il l'aperçut, il en avertit sa mère, et, en prenant congé d'elle, il ferma la porte et courut à lui pour le joindre.

Le magicien africain fit beaucoup de caresses à Aladdin quand il le vit. « Allons, mon cher enfant, lui dit-il d'un air riant, je veux vous faire voir aujourd'hui de belles choses. » Il le mena par une porte qui conduisait à des grandes et belles maisons, ou plutôt à des palais magnifiques qui avaient chacun de très beaux jardins dont les entrées étaient libres. A chaque palais qu'ils rencontraient, il demandait à Aladdin s'il le trouvait beau ; et Aladdin, en le prévenant, quand un autre se présentait : « Mon oncle, disait-il, en voici un plus beau que ceux que nous venons de voir. » Cependant ils avançaient toujours plus avant dans la campagne, et le rusé magicien, qui avait envie d'aller plus loin pour exécuter le dessein qu'il avait dans la tête, prit occasion d'entrer dans un de ces jardins. Il s'assit près d'un grand bassin qui recevait une très belle eau par un mufle de lion de bronze, et feignit qu'il était las afin de faire reposer Aladdin. « Mon neveu, lui dit-il, vous devez être fatigué aussi bien que moi ; reposons-nous ici pour reprendre des forces : nous aurons plus de courage à poursuivre notre promenade. »

Quand ils furent assis, le magicien africain tira d'un linge attaché à sa ceinture des gâteaux et plusieurs sortes de fruits dont il avait fait provision, et il l'étendit sur le bord du bassin. Il partagea un gâteau entre lui et Aladdin, et, à l'égard des fruits, il lui laissa la liberté de choisir ceux qui seraient le plus à son goût. Pendant ce petit repas, il entretint son prétendu neveu de plusieurs enseignements qui tendaient à l'exhorter de se détacher de la fréquentation des enfants, et de s'approcher plutôt des hommes sages et prudents, de les écouter et de profiter de leurs entretiens. « Bientôt, lui disait-il, vous serez un homme comme eux, et vous ne pouvez vous accoutumer de trop bonne heure à dire de bonnes choses à leur exemple. » Quand ils eurent achevé ce petit repas, ils se levèrent, et ils poursuivirent leur chemin au travers des jardins, qui n'étaient séparés les uns des autres que par de petits fossés qui en marquaient les limites, mais qui n'en empêchaient pas la communication. La bonne foi faisait que les citoyens de cette capitale n'apportaient pas plus de précaution pour s'empêcher les uns les autres de se nuire. Insensiblement le magicien africain mena Aladdin assez loin au-delà des jardins, et le fit traverser des campagnes qui le conduisirent jusques assez près des montagnes.

Aladdin, qui de sa vie n'avait fait tant de chemin, se sentit fort fatigué d'une si longue marche. « Mon oncle, dit-il au magicien africain, où allons-nous ? Nous avons laissé les jardins bien loin derrière nous, et je ne vois plus que des montagnes. Si nous avançons plus loin, je ne sais si j'aurai assez de force pour retourner jusqu'à la ville. – Prenez courage, mon neveu, lui dit le faux oncle, je veux vous faire voir un autre jardin qui surpasse tous ceux que vous venez de voir ; il n'est pas loin d'ici, il n'y a qu'un pas ; et, quand nous y serons arrivés, vous me direz vous-même si vous ne seriez pas fâché de ne l'avoir pas vu après vous en être approché de si près. » Aladdin se laissa persuader, et le magicien le mena encore fort loin, en l'entretenant de différentes histoires amusantes, pour lui rendre le chemin moins ennuyeux et la fatigue plus supportable.

Ils arrivèrent enfin entre deux montagnes d'une hauteur médiocre et à peu près égales, séparées par un vallon de très peu de largeur. C'était là cet endroit remarquable où le magicien africain avait voulu amener Aladdin pour l'exécution d'un grand dessein qui l'avait fait venir de l'extrémité de l'Afrique jusqu'à la Chine. « Nous n'allons pas plus loin, dit-il à Aladdin : je veux vous faire voir ici des choses extraordinaires et inconnues à tous les mortels ; et, quand vous les aurez vues, vous me remercierez d'avoir été témoin de tant de merveilles que personne au monde n'aura vues que vous. Pendant que je vais battre le fusil, amassez, de toutes les broussailles que vous voyez, celles qui seront les plus sèches, afin d'allumer du feu. »

Il y avait une si grande quantité de ces broussailles qu'Aladdin en eut bientôt fait un amas plus que suffisant dans le temps que le magicien allumait l'allumette. Il y mit le feu ; et, dans le moment que les broussailles s'enflammèrent, le magicien africain y jeta d'un parfum qu'il avait tout prêt. Il s'éleva une fumée fort épaisse, qu'il détourna de côté et d'autre en prononçant des paroles magiques auxquelles Aladdin ne comprit rien.

Dans le même moment, la terre trembla un peu et s'ouvrit en cet endroit devant le magicien et Aladdin, et fit voir à découvert une pierre d'environ un pied et demi en carré, et d'environ un pied de profondeur, posée horizontalement, avec un anneau de bronze scellé dans le milieu pour s'en servir à la lever. Aladdin, effrayé de tout ce qui se passait à ses yeux, eut peur et voulut prendre la fuite. Mais il était nécessaire à ce mystère, et le magicien le retint et le gronda fort, en lui donnant un soufflet si fortement appliqué qu'il le jeta par terre et que peu s'en fallut qu'il ne lui enfonçât les dents de devant dans la bouche, comme il y parut par le sang qui en sortit. Le pauvre Aladdin, tout tremblant et les larmes aux yeux : « Mon oncle, s'écria-t-il en pleurant, qu'ai-je donc fait pour avoir mérité que vous me frappiez si rudement ? – J'ai mes raisons pour le faire, lui répondit le magicien. Je suis votre oncle, qui vous tient présentement lieu de père, et vous ne devez pas me répliquer. Mais, mon enfant, ajouta-t-il en se radoucissant, ne craignez rien : je ne demande autre chose de vous que vous m'obéissiez exactement, si vous voulez bien profiter et vous rendre digne des grands avantages que je veux vous faire. » Ces belles promesses du magicien calmèrent un peu la crainte et le ressentiment d'Aladdin ; et, lorsque le magicien le vit entièrement rassuré : « Vous avez vu, continua-t-il, ce que j'ai fait par la vertu de mon parfum et des paroles que j'ai prononcées. Apprenez donc présentement que sous cette pierre que vous voyez il y a un trésor caché qui vous est destiné, et qui doit vous rendre un jour plus riche que les plus grands rois du monde. Cela est si vrai qu'il n'y a personne au monde que vous à qui il soit permis de toucher cette pierre et de la lever pour y entrer ; il m'est même défendu d'y toucher et de mettre le pied dans le trésor quand il sera ouvert. Pour cela, il faut que vous exécutiez de point en point ce que je vous dirai, sans y manquer : la chose est de grande conséquence et pour vous et pour moi. »

Aladdin, toujours dans l'étonnement de ce qu'il voyait et de tout ce qu'il venait d'entendre dire au magicien de ce trésor qui devait le rendre heureux à jamais, oublia tout ce qui s'était passé. « Hé bien, mon oncle, dit-il au magicien en se levant, de quoi s'agit-il ? Commandez, je suis tout prêt à obéir. – Je suis ravi, mon enfant, lui dit le magicien africain en l'embrassant, que vous ayez pris ce parti ; venez, approchez-vous, prenez cet anneau et levez la pierre. – Mais, mon oncle, reprit Aladdin, je ne suis pas assez fort pour la lever ; il faut donc que vous m'aidiez. – Non, reprit le magicien africain, vous n'avez pas besoin de mon aide, et nous ne ferions rien, vous et moi, si je vous aidais : il faut que vous la leviez vous seul. Prononcez seulement le nom de votre père et de votre grand-père, en tenant l'anneau, et levez : vous verrez qu'elle viendra à vous sans peine. » Aladdin fit comme le magicien lui avait dit : il leva la pierre avec facilité, et il la posa à côté.

Quand la pierre fut ôtée, un caveau de trois à quatre pieds de profondeur se fit voir avec une petite porte et des degrés pour descendre plus bas. « Mon fils, dit alors le magicien africain à Aladdin, observez exactement tout ce que je vais vous dire. Descendez dans ce caveau ; quand vous serez au bas des degrés que vous voyez, vous trouverez une porte ouverte qui vous conduira dans un grand lieu voûté et partagé en trois grandes salles l'une après l'autre. Dans chacune, vous verrez à droite et à gauche quatre vases de bronze grands comme des cuves, pleins d'or et d'argent ; mais gardez-vous bien d'y toucher. Avant d'entrer dans la première salle, levez votre robe et serrez-la bien autour de vous. Quand vous y serez entré, passez à la seconde sans vous arrêter, et de là à la troisième, aussi sans vous arrêter. Sur toutes choses, gardez-vous bien d'approcher des murs et d'y toucher même avec votre robe : car si vous y touchiez, vous mourriez sur-le-champ ; c'est pour cela que je vous ai dit de la tenir serrée autour de vous. Au bout de la troisième salle, il y a une porte qui vous donnera entrée dans un jardin planté de beaux arbres tout chargés de fruits ; marchez tout droit, et traversez ce jardin par un chemin qui vous mènera à un escalier de cinquante marches pour monter sur une terrasse. Quand vous serez sur la terrasse, vous verrez devant vous une niche, et dans la niche une lampe allumée ; prenez la lampe, éteignez-la, et, quand vous aurez jeté le lumignon et versé la liqueur, mettez-la dans votre sein et apportez-la-moi. Ne craignez pas de gâter votre habit : la liqueur n'est pas de l'huile, et la lampe sera sèche dès qu'il n'y en aura plus. Si les fruits du jardin vous font envie, vous pouvez en cueillir autant que vous voudrez : cela ne vous est pas défendu. »

En achevant ces paroles, le magicien africain tira un anneau qu'il avait au doigt, et il le mit à l'un des doigts d'Aladdin en lui disant que c'était un préservatif contre tout ce qui pourrait lui arriver de mal, en observant bien tout ce qu'il venait de lui prescrire. « Allez, mon enfant, lui dit-il après cette instruction, descendez hardiment ; nous allons être riches l'un et l'autre pour toute notre vie. »

Aladdin sauta légèrement dans le caveau, et il descendit jusqu'au bas des degrés : il trouva les trois salles dont le magicien africain lui avait fait la description. Il passa au travers avec d'autant plus de précaution qu'il appréhendait de mourir s'il manquait à observer soigneusement ce qui lui avait été prescrit. Il traversa le jardin sans s'arrêter, monta sur la terrasse, prit la lampe allumée dans la niche, jeta le lumignon et la liqueur, et, en la voyant sans humidité comme le magicien le lui avait dit, il la mit dans son sein ; il descendit de la terrasse, et il s'arrêta dans le jardin à en considérer les fruits qu'il n'avait vus qu'en passant. Les arbres de ce jardin étaient tout chargés de fruits extraordinaires. Chaque arbre en portait de différentes couleurs : il y en avait de blancs, de luisants et transparents comme le cristal ; de rouges, les uns plus chargés, les autres moins ; de verts, de bleus, de violets, de tirant sur le jaune, et de plusieurs autres sortes de couleurs. Les blancs étaient des perles ; les luisants et transparents, des diamants ; les rouges les plus foncés, des rubis ; les autres moins foncés, des rubis balais ; les verts, des émeraudes ; les bleus, des turquoises ; les violets, des améthystes ; ceux qui tiraient sur le jaune, des saphirs ; et ainsi des autres ; et ces fruits étaient tous d'une grosseur et d'une perfection à quoi on n'avait encore rien vu de pareil dans le monde. Aladdin, qui n'en connaissait ni le mérite ni la valeur, ne fut pas touché de la vue de ces fruits, qui n'étaient pas de son goût comme l'eussent été des figues, des raisins, et les autres fruits excellents qui sont communs dans la Chine. Aussi n'était-il pas encore dans un âge à en connaître le prix ; il s'imagina que tous ces fruits n'étaient que du verre coloré, et qu'ils ne valaient pas davantage. La diversité de tant de belles couleurs, néanmoins, la beauté et la grosseur extraordinaires de chaque fruit, lui donnèrent envie d'en cueillir de toutes les sortes. En effet, il en prit plusieurs de chaque couleur, et il en emplit ses deux poches et deux bourses toutes neuves que le magicien lui avait achetées avec l'habit dont il lui avait fait présent, afin qu'il n'eût rien que de neuf ; et, comme les deux bourses ne pouvaient tenir dans ses poches, qui étaient déjà pleines, il les attacha de chaque côté à sa ceinture ; il en enveloppa même dans les plis de sa ceinture, qui était d'une étoffe de soie ample et à plusieurs tours, et il les accommoda de manière qu'ils ne pouvaient pas tomber ; il n'oublia pas aussi d'en fourrer dans son sein, entre la robe et la chemise autour de lui.

Aladdin, ainsi chargé de tant de richesses sans le savoir, reprit en diligence le chemin des trois salles, pour ne pas faire attendre trop longtemps le magicien africain, et, après avoir passé à travers avec la même précaution qu'auparavant, il remonta par où il était descendu et se présenta à l'entrée du caveau, où le magicien africain l'attendait avec impatience. Aussitôt qu'Aladdin l'aperçut : « Mon oncle, lui dit-il, je vous prie de me donner la main pour m'aider à monter. » Le magicien africain lui dit : « Mon fils, donnez-moi la lampe auparavant ; elle pourrait vous embarrasser. – Pardonnez-moi, mon oncle, reprit Aladdin, elle ne m'embarrasse pas ; je vous la donnerai dès que je serai monté. » Le magicien africain s'opiniâtra à vouloir qu'Aladdin lui mît la lampe entre les mains avant de le tirer du caveau, et Aladdin, qui avait embarrassé cette lampe avec tous ces fruits dont il s'était garni de tous côtés, refusa absolument de la donner qu'il ne fût hors du caveau. Alors le magicien africain, au désespoir de la résistance de ce jeune homme, entra dans une furie épouvantable : il jeta un peu de son parfum sur le feu qu'il avait eu soin d'entretenir, et à peine eut-il prononcé deux paroles magiques que la pierre qui servait à fermer l'entrée du caveau se remit d'elle-même à sa place, avec la terre par-dessus, au même état qu'elle était à l'arrivée du magicien africain et d'Aladdin.

Il est certain que le magicien africain n'était pas frère de Mustafa le tailleur, comme il s'en était vanté, ni par conséquent l'oncle d'Aladdin. Il était véritablement d'Afrique, et il y était né ; et, comme l'Afrique est un pays où l'on est plus entêté de la magie que partout ailleurs, il s'y était appliqué dès sa jeunesse, et, après quarante années ou environ d'enchantements, d'opérations de géomancie, de suffumigations et de lecture de livres de magie, il était enfin parvenu à découvrir qu'il y avait dans le monde une lampe merveilleuse dont la possession le rendrait plus puissant qu'aucun monarque de l'univers, s'il pouvait en devenir le possesseur. Par une dernière opération de géomancie, il avait connu que cette lampe était dans un lieu souterrain au milieu de la Chine, à l'endroit et avec toutes les circonstances que nous venons de voir. Bien persuadé de la vérité de cette découverte, il était parti de l'extrémité de l'Afrique, comme nous l'avons dit, et, après un voyage long et pénible, il était arrivé à la ville qui était si voisine du trésor ; mais, quoique la lampe fût certainement dans le lieu dont il avait connaissance, il ne lui était pas permis néanmoins de l'enlever lui-même, ni d'entrer en personne dans le lieu souterrain où elle était. Il fallait qu'un autre y descendît, l'allât prendre et la lui mît entre les mains. C'est pourquoi il s'était adressé à Aladdin, qui lui avait paru un jeune enfant sans conséquence et très propre à lui rendre ce service qu'il attendait de lui, bien résolu, dès qu'il aurait la lampe dans ses mains, de faire la dernière suffumigation que nous avons dite, et de prononcer les deux paroles magiques qui devaient faire l'effet que nous avons vu, et sacrifier le pauvre Aladdin à son avarice et à sa méchanceté, afin de n'en avoir pas de témoin. Le soufflet donné à Aladdin et l'autorité qu'il avait prise sur lui n'avaient pour but que de l'accoutumer à le craindre et à lui obéir exactement, afin que, lorsqu'il lui demanderait cette fameuse lampe magique, il la lui donnât aussitôt ; mais il lui arriva tout le contraire de ce qu'il s'était proposé. Enfin il n'usa de sa méchanceté avec tant de précipitation, pour perdre le pauvre Aladdin, que parce qu'il craignit que, s'il contestait plus longtemps avec lui, quelqu'un ne vînt à les entendre et ne rendît public ce qu'il voulait tenir très caché.

Quand le magicien africain vit ses grandes et belles espérances échouées à n'y revenir jamais, il n'eut pas d'autre parti à prendre que celui de retourner en Afrique ; c'est ce qu'il fit dès le même jour. Il prit sa route par des détours, pour ne pas rentrer dans la ville d'où il était sorti avec Aladdin. Il avait à craindre en effet d'être observé par plusieurs personnes qui pouvaient l'avoir vu se promener avec cet enfant, et revenir sans lui.

Selon toutes les apparences, on ne devait plus entendre parler d'Aladdin ; mais celui-là même qui avait cru le perdre pour jamais n'avait pas fait attention qu'il lui avait mis au doigt un anneau qui pouvait servir à le sauver. En effet, ce fut cet anneau qui fut cause du salut d'Aladdin qui n'en savait nullement la vertu ; et il est étonnant que cette perte, jointe à celle de la lampe, n'ait pas jeté ce magicien dans le dernier désespoir. Mais les magiciens sont si accoutumés aux disgrâces et aux événements contraires à leurs souhaits qu'ils ne cessent, tant qu'ils vivent, de se repaître de fumée, de chimères et de visions.

Aladdin, qui ne s'attendait pas à la méchanceté de son faux oncle après les caresses et le bien qu'il lui avait faits, fut dans un étonnement qu'il est plus aisé d'imaginer que de représenter par des paroles. Quand il se vit enterré tout vif, il appela mille fois son oncle en criant qu'il était prêt de lui donner la lampe ; mais ses cris étaient inutiles, et il n'y avait plus moyen d'être entendu. Ainsi il demeura dans les ténèbres et dans l'obscurité. Enfin, après avoir donné quelque relâche à ses larmes, il descendit jusqu'au bas de l'escalier du caveau pour aller chercher la lumière dans le jardin où il avait déjà passé ; mais le mur, qui s'était ouvert par enchantement, s'était refermé et rejoint par un autre enchantement. Il tâtonne devant lui à droite et à gauche par plusieurs fois, et il ne trouve plus de porte ; il redouble ses cris et ses pleurs, et il s'assoit sur les degrés du caveau, sans espoir de revoir jamais la lumière, et avec la triste certitude, au contraire, de passer des ténèbres où il était dans celles d'une mort prochaine.

Aladdin demeura deux jours en cet état, sans manger et sans boire ; le troisième jour enfin, en regardant la mort inévitable, il éleva les mains en les joignant, et, avec une résignation entière à la volonté de Dieu, il s'écria :

« Il n'y a de force et de puissance qu'en Dieu le haut, le grand ! »

Dans cette action de mains jointes, il frotta sans y penser l'anneau que le magicien africain lui avait mis au doigt et dont il ne connaissait pas encore la vertu. Aussitôt un génie d'une figure énorme et d'un regard épouvantable s'éleva devant lui comme de dessous la terre, jusqu'à ce qu'il atteignît de la tête à la voûte, et dit à Aladdin ces paroles : *Que veux-tu ? Me voici prêt à t'obéir comme ton esclave, et l'esclave de tous ceux qui ont l'anneau au doigt, moi et les autres esclaves de l'anneau.*

En tout autre temps et en toute autre occasion, Aladdin, qui n'était pas accoutumé à de pareilles visions, eût pu être saisi de frayeur et perdre la parole à la vue d'une figure si extraordinaire ; mais, occupé uniquement du danger présent où il était, il répondit sans hésiter : « Qui que tu sois, fais-moi sortir de ce lieu, si tu en as le pouvoir. » A peine eut-il prononcé ces paroles que la terre s'ouvrit et qu'il se trouva hors du caveau, et à l'endroit justement où le magicien l'avait amené.

On ne trouvera pas étrange qu'Aladdin, qui était demeuré si longtemps dans les ténèbres les plus épaisses, ait eu d'abord de la peine à soutenir le grand jour ; il y accoutuma ses yeux peu à peu, et, en regardant autour de lui, il fut fort surpris de ne pas voir d'ouverture sur la terre. Il ne put comprendre de quelle manière il se trouvait si subitement hors de ses entrailles ; il n'y eut que la place où les broussailles avaient été allumées qui lui fit reconnaître à peu près où était le caveau. Ensuite, en se tournant du côté de la ville, il l'aperçut au milieu des jardins qui l'environnaient ; il reconnut le chemin par où le magicien africain l'avait amené, et il le reprit en rendant grâces à Dieu de se revoir une autre fois au monde, après avoir désespéré d'y revenir jamais. Il arriva jusqu'à la ville, et se traîna chez lui avec bien de la peine. En entrant chez sa mère, la joie de la revoir, jointe à la faiblesse dans laquelle il était de n'avoir pas mangé depuis près de trois jours, lui causèrent un évanouissement qui dura quelque temps. Sa mère, qui l'avait déjà pleuré comme perdu ou comme mort, en le voyant en cet état, n'oublia aucun de ses soins pour le faire revenir. Il revint enfin de son évanouissement, et les premières paroles qu'il prononça furent cellesci : « Ma mère, avant toute chose, je vous prie de me donner à manger ; il y a trois jours que je n'ai pris quoi que ce soit. » Sa mère lui apporta ce qu'elle avait, et, en le mettant devant lui : « Mon fils, lui dit-elle, ne vous pressez pas, cela est dangereux ; mangez peu à peu et à votre aise, et ménagez-vous dans le grand besoin que vous en avez. Je ne veux pas même que vous me parliez : vous aurez assez de temps pour me raconter ce qui vous est arrivé quand vous serez rétabli. Je suis toute consolée de vous revoir, après l'affliction où je me suis trouvée depuis vendredi et toutes les peines que je me suis données pour apprendre ce que vous étiez devenu, dès que j'eus vu qu'il était nuit et que vous n'étiez pas revenu à la maison. »

Aladdin suivit le conseil de sa mère : il mangea tranquillement et peu à peu, et il but à proportion. Quand il eut achevé : « Ma mère, dit-il, j'aurais de grandes plaintes à vous faire sur ce que vous m'avez abandonné avec tant de facilité à la discrétion d'un homme qui avait dessein de me perdre, et qui tient, à l'heure que je vous parle, ma mort si certaine qu'il ne doute pas ou que je ne sois plus en vie, ou que je ne doive la perdre au premier jour ; mais vous avez cru qu'il était mon oncle, et je l'ai cru comme vous. Eh ! pouvions-nous avoir d'autre pensée d'un homme qui m'accablait de caresses et de biens, et qui me faisait tant d'autres promesses avantageuses ? Sachez, ma mère, que ce n'est qu'un traître, un méchant, un fourbe. Il ne m'a fait tant de bien et tant de promesses qu'afin d'arriver au but qu'il s'était proposé de me perdre, comme je l'ai dit, sans que ni vous ni moi nous puissions en deviner la cause. De mon côté, je puis assurer que je ne lui ai donné aucun sujet qui méritât le moindre mauvais traitement. Vous le comprendrez vous-même par le récit fidèle que vous allez entendre de tout ce qui s'est passé depuis que je me suis séparé de vous jusqu'à l'exécution de son pernicieux dessein. »

Aladdin commença à raconter à sa mère tout ce qui lui était arrivé avec le magicien depuis le vendredi qu'il était venu le prendre pour le mener avec lui voir les palais et les jardins qui étaient hors de la ville ; ce qui lui arriva dans le chemin, jusqu'à l'endroit des deux montagnes où se devait opérer le grand prodige du magicien ; comment, avec un parfum jeté dans du feu et quelques paroles magiques, la terre s'était ouverte en un instant et avait fait voir l'entrée d'un caveau qui conduisait à un trésor inestimable. Il n'oublia pas le soufflet qu'il avait reçu du magicien, et de quelle manière, après s'être un peu radouci, il l'avait engagé par de grandes promesses, et en lui mettant son anneau au doigt, à descendre dans le caveau. Il n'omit aucune circonstance de tout ce qu'il avait vu en passant et en repassant dans les trois salles, dans le jardin, et sur la terrasse où il avait pris la lampe merveilleuse, qu'il montra à sa mère en la retirant de son sein, aussi bien que les fruits transparents et de différentes couleurs qu'il avait cueillis dans le jardin en s'en retournant, dont il joignit deux bourses pleines qu'il donna à sa mère, et dont elle fit peu de cas. Ces fruits étaient cependant des pierres précieuses. L'éclat, brillant comme le soleil, qu'ils rendaient à la faveur d'une lampe qui éclairait la chambre, devait faire juger de leur grand prix ; mais la mère d'Aladdin n'avait pas sur cela plus de connaissance que son fils. Elle avait été élevée dans une condition très médiocre, et son mari n'avait pas eu assez de biens pour lui donner de ces sortes de pierreries. D'ailleurs, elle n'en avait jamais vu à aucune de ses parentes ni de ses voisines : ainsi il ne faut pas s'étonner si elle ne les regarda que comme des choses de peu de valeur et bonnes tout au plus à récréer la vue par la variété de leurs couleurs ; ce qui fit qu'Aladdin les mit derrière un des coussins du sofa sur lequel il était assis. Il acheva le récit de son aventure en lui disant que, comme il fut revenu et qu'il se fut présenté à l'entrée du caveau, prêt à en sortir, sur le refus qu'il avait fait au magicien de lui donner la lampe qu'il voulait avoir, l'entrée du caveau s'était refermée en un instant par la force du parfum que le magicien avait jeté sur le feu, qu'il n'avait pas laissé éteindre, et des paroles qu'il avait prononcées. Mais il n'en put dire davantage sans verser des larmes, en lui représentant l'état malheureux où il s'était trouvé lorsqu'il s'était vu enterré tout vivant dans le fatal caveau jusqu'au moment qu'il en était sorti, et que, pour ainsi dire, il était revenu au monde par l'attouchement de son anneau, dont il ne connaissait pas encore la vertu. Quand il eut fini ce récit : « Il n'est pas nécessaire de vous en dire davantage, dit-il à sa mère ; le reste vous est connu. Voilà enfin quelle a été mon aventure, et quel est le danger que j'ai couru depuis que vous ne m'avez vu. »

La mère d'Aladdin eut la patience d'entendre ce récit merveilleux et surprenant, et en même temps si affligeant pour une mère qui aimait son fils si tendrement malgré ses défauts, sans l'interrompre. Dans les endroits néanmoins les plus touchants, et qui faisaient connaître davantage la perfidie du magicien africain, elle ne put s'empêcher de faire paraître combien elle le détestait, par les marques de son indignation ; mais, dès qu'Aladdin eut achevé, elle se déchaîna en mille injures contre cet imposteur : elle l'appela traître, perfide, barbare, assassin, trompeur, magicien, ennemi et destructeur du genre humain. « Oui, mon fils, ajouta-t-elle, c'est un magicien, et les magiciens sont des pestes publiques : ils ont commerce avec les démons par leurs enchantements et par leurs sorcelleries. Béni soit Dieu, qui n'a pas voulu que sa méchanceté insigne eût son effet entier contre vous ! Vous devez bien le remercier de la grâce qu'il vous a faite ! La mort vous était inévitable, si vous ne vous fussiez souvenu de lui et que vous n'eussiez imploré son secours. » Elle dit encore beaucoup de choses, en détestant toujours la trahison que le magicien avait faite à son fils ; mais, en parlant, elle s'aperçut qu'Aladdin, qui n'avait pas dormi depuis trois jours, avait besoin de repos. Elle le fit coucher, et, peu de temps après, elle se coucha aussi.

Aladdin, qui n'avait pris aucun repos dans le lieu souterrain où il avait été enseveli à dessein qu'il y perdît la vie, dormit toute la nuit d'un profond sommeil, et ne se réveilla le lendemain que fort tard. Il se leva ; et la première chose qu'il dit à sa mère, ce fut qu'il avait besoin de manger, et qu'elle ne pouvait lui faire un plus grand plaisir que de lui donner à déjeuner. « Hélas ! mon fils, lui répondit sa mère, je n'ai pas seulement un morceau de pain à vous donner ; vous mangeâtes hier au soir le peu de provisions qu'il y avait dans la maison ; mais donnez-vous un peu de patience, je ne serai pas longtemps à vous en apporter. J'ai un peu de fil de coton de mon travail ; je vais le vendre, afin de vous acheter du pain et quelque chose pour notre dîner. – Ma mère, reprit Aladdin, réservez votre fil de coton pour une autre fois, et donnez-moi la lampe que j'apportai hier ; j'irai la vendre, et l'argent que j'en aurai servira à nous avoir de quoi déjeuner et dîner, et peut-être de quoi souper. »

La mère d'Aladdin prit la lampe où elle l'avait mise. « La voilà, dit-elle à son fils, mais elle est bien sale ; pour peu qu'elle soit nettoyée, je crois qu'elle en vaudra quelque chose davantage. » Elle prit de l'eau et un peu de sable fin pour la nettoyer ; mais à peine eut-elle commencé à frotter cette lampe qu'en un instant, en présence de son fils, un génie hideux et d'une grandeur gigantesque s'éleva et parut devant elle, et lui dit d'une voix tonnante : *Que veux-tu ? Me voici prêt à t'obéir comme ton esclave, et de tous ceux qui ont la lampe à la main, moi avec les autres esclaves de la lampe.*

La mère d'Aladdin n'était pas en état de répondre : sa vue n'avait pu soutenir la figure hideuse et épouvantable du génie ; et sa frayeur avait été si grande dès les premières paroles qu'il avait prononcées qu'elle était tombée évanouie.

Aladdin, qui avait déjà eu une apparition à peu près semblable dans le caveau, sans perdre de temps ni le jugement, se saisit promptement de la lampe, et, en suppléant au défaut de sa mère, il répondit pour elle d'un ton ferme. « J'ai faim, dit-il au génie, apporte-moi de quoi manger. » Le génie disparut, et un instant après il revint chargé d'un grand bassin d'argent qu'il portait sur sa tête, avec douze plats couverts de même métal, pleins d'excellents mets arrangés dessus, avec six grands pains blancs comme neige sur les plats, deux bouteilles de vin exquis, et deux tasses d'argent à la main. Il posa le tout sur le sofa, et aussitôt il disparut.

Cela se fit en si peu de temps que la mère d'Aladdin n'était pas encore revenue de son évanouissement quand le génie disparut pour la seconde fois. Aladdin, qui avait déjà commencé de lui jeter de l'eau sur le visage, sans effet, se mit en devoir de recommencer pour la faire revenir ; mais, soit que les esprits qui s'étaient dissipés se fussent enfin réunis, ou que l'odeur des mets que le génie venait d'apporter y eût contribué pour quelque chose, elle revint dans le moment. « Ma mère, lui dit Aladdin, cela n'est rien ; levez-vous et venez manger : voici de quoi vous remettre le cœur, et en même temps de quoi satisfaire au grand besoin que j'ai de manger. Ne laissons pas refroidir de si bons mets, et mangeons. »

La mère d'Aladdin fut extrêmement surprise quand elle vit le grand bassin, les douze plats, les six pains, les deux bouteilles et les deux tasses, et qu'elle sentit l'odeur délicieuse qui s'exhalait de tous ces plats. « Mon fils, demanda-t-elle à Aladdin, d'où nous vient cette abondance, et à qui sommes-nous redevables d'une si grande libéralité ? Le sultan aurait-il eu connaissance de notre pauvreté et aurait-il eu compassion de nous ? – Ma mère, reprit Aladdin, mettons-nous à table et mangeons, vous en avez besoin aussi bien que moi. Je vous le dirai quand nous aurons déjeuné. » Ils se mirent à table, et ils mangèrent avec d'autant plus d'appétit que la mère et le fils ne s'étaient jamais trouvés à une table si bien fournie.

Pendant le repas, la mère d'Aladdin ne pouvait se lasser de regarder et d'admirer le bassin et les plats, quoiqu'elle ne sût pas trop distinctement s'ils étaient d'argent ou d'une autre matière, tant elle était peu accoutumée à en voir de pareils ; et, à proprement parler, sans avoir égard à leur valeur, qui lui était inconnue, il n'y avait que la nouveauté qui la tenait en admiration, et son fils Aladdin n'en avait pas plus de connaissance qu'elle.

Aladdin et sa mère, qui ne croyaient faire qu'un simple déjeuner, se trouvèrent encore à table à l'heure du dîner : des mets si excellents les avaient mis en appétit ; et, pendant qu'ils étaient chauds, ils crurent qu'ils ne feraient pas mal de joindre les deux repas ensemble et de n'en pas faire à deux fois. Le double repas fini, il leur resta non seulement de quoi souper, mais même assez de quoi en faire deux autres repas aussi forts le lendemain.

Quand la mère d'Aladdin eut desservi et mis à part les viandes auxquelles ils n'avaient pas touché, elle vint s'asseoir sur le sofa auprès de son fils. « Aladdin, lui dit-elle, j'attends que vous satisfassiez à l'impatience où je suis d'entendre le récit que vous m'avez promis. » Aladdin lui raconta exactement tout ce qui s'était passé entre le génie et lui pendant son évanouissement, jusqu'à ce qu'elle fût revenue à elle.

La mère d'Aladdin était dans un grand étonnement du discours de son fils et de l'apparition du génie. « Mais, mon fils, reprit-elle, que voulez-vous dire avec vos génies ? Jamais, depuis que je suis au monde, je n'ai entendu dire que personne de ma connaissance en eût vu. Par quelle aventure ce vilain génie est-il venu se présenter à moi ? Pourquoi s'est-il adressé à moi et non pas à vous, à qui il a déjà apparu dans le caveau du trésor ?

– Ma mère, repartit Aladdin, le génie qui vient de vous apparaître n'est pas le même qui m'est apparu : ils se ressemblent en quelque manière par leur grandeur de géant ; mais ils sont entièrement différents par leur mine et par leur habillement : aussi sont-ils à différents maîtres. Si vous vous en souvenez, celui que j'ai vu s'est dit esclave de l'anneau que j'ai au doigt, et celui que vous venez de voir s'est dit esclave de la lampe que vous aviez à la main. Mais je ne crois pas que vous l'ayez entendu : il me semble en effet que vous vous êtes évanouie dès qu'il a commencé à parler.

– Quoi ! s'écria la mère d'Aladdin, c'est donc votre lampe qui est cause que ce maudit génie s'est adressé à moi plutôt qu'à vous ? Ah ! mon fils ! ôtez-la de devant mes yeux et la mettez où il vous plaira, je ne veux plus y toucher. Je consens plutôt qu'elle soit jetée ou vendue que de courir le risque de mourir de frayeur en la touchant. Si vous me croyez, vous vous déferez aussi de l'anneau. Il ne faut pas avoir commerce avec des génies : ce sont des démons, et notre prophète l'a dit.

– Ma mère, avec votre permission, reprit Aladdin, je me garderai bien présentement de vendre, comme j'étais près de le faire tantôt, une lampe qui va nous être si utile, à vous et à moi. Ne voyez-vous pas ce qu'elle vient de nous procurer ? Il faut qu'elle continue de nous fournir de quoi nous nourrir et nous entretenir. Vous devez juger comme moi que ce n'était pas sans raison que mon faux et méchant oncle s'était donné tant de mouvement et avait entrepris un si long et pénible voyage, puisque c'était pour parvenir à la possession de cette lampe merveilleuse, qu'il avait préférée à tout l'or et l'argent qu'il savait être dans les salles, et que j'ai vu moi-même, comme il m'en avait averti. Il savait trop bien le mérite et la valeur de cette lampe pour ne demander autre chose d'un trésor si riche. Puisque le hasard nous en a fait découvrir la vertu, faisons-en un usage qui nous soit profitable, mais d'une manière qui soit sans éclat, et qui ne nous attire pas l'envie et la jalousie de nos voisins. Je veux bien l'ôter de devant vos yeux, et la mettre dans un lieu où je la trouverai quand il en sera besoin, puisque les génies vous font tant de frayeur. Pour ce qui est de l'anneau, je ne saurais aussi me résoudre à le jeter : sans cet anneau, vous ne m'eussiez jamais revu ; et, si je vivais à l'heure qu'il est, ce ne serait peut-être que pour peu de moments. Vous me permettrez donc de le garder et de le porter toujours au doigt bien précieusement. Qui sait s'il ne m'arrivera pas quelque autre danger, que nous ne pouvons prévoir ni vous ni moi, dont il pourra me délivrer ? » Comme le raisonnement d'Aladdin paraissait assez juste, sa mère n'eut rien à y répliquer. « Mon fils, lui dit-elle, vous pouvez faire comme vous l'entendrez ; pour moi, je ne voudrais pas avoir affaire avec des génies. Je vous déclare que je m'en lave les mains, et que je ne vous en parlerai pas davantage. »

Le lendemain au soir, après le souper, il ne resta rien de la bonne provision que le génie avait apportée. Le jour suivant, Aladdin, qui ne voulait pas attendre que la faim le pressât, prit un des plats d'argent sous sa robe, et sortit au matin pour l'aller vendre. Il s'adressa à un juif qu'il rencontra dans son chemin ; il le tira à l'écart, et, en lui montrant le plat, il lui demanda s'il voulait l'acheter.

Le juif rusé et adroit prend le plat, l'examine ; et il n'eut pas plus tôt connu qu'il était de bon argent qu'il demanda à Aladdin combien il l'estimait. Aladdin, qui n'en connaissait pas la valeur, et qui n'avait jamais fait commerce de cette marchandise, se contenta de lui dire qu'il savait bien lui-même ce que ce plat pouvait valoir, et qu'il s'en rapportait à sa bonne foi. Le juif se trouva embarrassé de l'ingénuité d'Aladdin. Dans l'incertitude où il était de savoir si Aladdin en connaissait la matière et la valeur, il tira de sa bourse une pièce d'or qui ne faisait au plus que la soixante-deuxième partie de la valeur du plat, et il la lui présenta. Aladdin prit la pièce avec un grand empressement, et, dès qu'il l'eut dans la main, il se retira si promptement que le juif, non content du gain exorbitant qu'il faisait par cet achat, fut bien fâché de n'avoir pas pénétré qu'Aladdin ignorait le prix de ce qu'il lui avait vendu, et qu'il aurait pu lui en donner beaucoup moins. Il fut sur le point de courir après le jeune homme pour tâcher de retirer quelque chose de sa pièce d'or ; mais Aladdin courait, et il était déjà si loin qu'il aurait eu de la peine à le joindre.

Aladdin, s'en retournant chez sa mère, s'arrêta à la boutique d'un boulanger chez qui il fit la provision de pain pour sa mère et pour lui, et qu'il paya sur sa pièce d'or, que le boulanger lui changea. En arrivant il donna le reste à sa mère, qui alla au marché acheter les autres provisions nécessaires pour vivre eux deux pendant quelques jours.

Ils continuèrent ainsi à vivre de ménage, c'est-à-dire qu'Aladdin vendit tous les plats au juif l'un après l'autre jusqu'au douzième, de la même manière qu'il avait fait le premier, à mesure que l'argent venait à manquer dans la maison. Le juif, qui avait donné une pièce d'or du premier, n'osa lui offrir moins des autres, de crainte de perdre une si bonne aubaine : il les paya tous sur le même pied. Quand l'argent du dernier plat fut dépensé, Aladdin eut recours au bassin, qui pesait lui seul dix fois autant que chaque plat. Il voulut le porter à son marchand ordinaire, mais son grand poids l'en empêcha. Il fut donc obligé d'aller chercher le juif, qu'il amena chez sa mère ; et le juif, après avoir examiné le poids du bassin, lui compta sur-le-champ dix pièces d'or, dont Aladdin se contenta.

Tant que les dix pièces d'or durèrent, elles furent employées à la dépense journalière de la maison. Aladdin cependant, accoutumé à une vie oisive, s'était abstenu de jouer avec les jeunes gens de son âge depuis son aventure avec le magicien africain. Il passait les journées à se promener, ou à s'entretenir avec des gens avec lesquels il avait fait connaissance. Quelquefois il s'arrêtait dans les boutiques des gros marchands, où il prêtait l'oreille aux entretiens des gens de distinction qui s'y arrêtaient, ou qui s'y trouvaient comme à une espèce de rendez-vous ; et ces entretiens peu à peu lui donnèrent quelque teinture de la connaissance du monde.

Quand il ne resta plus rien des dix pièces d'or, Aladdin eut recours à la lampe : il la prit à la main, chercha le même endroit que sa mère avait touché ; et, comme il l'eut reconnu à l'impression que le sable y avait laissée, il la frotta comme elle avait fait ; et aussitôt le même génie qui s'était déjà fait voir se présenta devant lui ; mais, comme Aladdin avait frotté la lampe plus légèrement que sa mère, il lui parla aussi d'un ton plus radouci : *Que veux-tu ?* lui dit-il dans les mêmes termes qu'auparavant ; *me voici prêt à t'obéir comme ton esclave, et de tous ceux qui ont la lampe à la main, moi et les autres esclaves de la lampe comme moi.*

Aladdin lui dit : « J'ai faim, apporte-moi de quoi manger. » Le génie disparut, et peu de moments après il reparut chargé d'un service de table pareil à celui qu'il avait apporté la première fois ; il le posa sur le sofa, et dans le moment il disparut.

La mère d'Aladdin, avertie du dessein de son fils, était sortie exprès pour quelque affaire, afin de ne se pas trouver dans la maison dans le temps de l'apparition du génie. Elle rentra peu de temps après, vit la table et le buffet très bien garnis, et demeura presque aussi surprise de l'effet prodigieux de la lampe qu'elle l'avait été la première fois. Aladdin et sa mère se mirent à table ; et après le repas il leur resta encore de quoi vivre largement les deux jours suivants.

Dès qu'Aladdin vit qu'il n'y avait plus dans la maison ni pain ni autres provisions, ni argent pour en avoir, il prit un plat d'argent, et alla chercher le juif qu'il connaissait, pour le lui vendre. En y allant, il passa devant la boutique d'un orfèvre respectable par sa vieillesse, honnête homme, et d'une grande probité. L'orfèvre, qui l'aperçut, l'appela et le fit entrer. « Mon fils, lui dit-il, je vous ai déjà vu passer plusieurs fois, chargé comme vous l'êtes à présent, vous joindre à un tel juif, et repasser peu de temps après sans être chargé. Je me suis imaginé que vous lui vendez ce que vous portez. Mais vous ne savez peut-être pas que ce juif est un trompeur, et même plus trompeur que les autres juifs, et que personne de ceux qui le connaissent ne veut avoir affaire à lui. Au reste, ce que je vous dis ici n'est que pour vous faire plaisir ; si vous voulez me montrer ce que vous portez présentement, et qu'il soit à vendre, je vous en donnerai fidèlement son juste prix, si cela me convient, sinon je vous adresserai à d'autres marchands qui ne vous tromperont pas. »

L'espérance de faire plus d'argent du plat fit qu'Aladdin le tira de dessous sa robe, et le montra à l'orfèvre. Le vieillard, qui connut d'abord que le plat était d'argent fin, lui demanda s'il en avait vendu de semblables au juif, et combien il les lui avait payés. Aladdin lui dit naïvement qu'il en avait vendu douze, et qu'il n'avait reçu du juif qu'une pièce d'or de chacun. « Ah ! le voleur ! s'écria l'orfèvre. Mon fils, ajouta-t-il, ce qui est fait est fait, il n'y faut plus penser ; mais, en vous faisant voir ce que vaut votre plat, qui est du meilleur argent dont nous nous servions dans nos boutiques, vous connaîtrez combien le juif vous a trompé. »

L'orfèvre prit la balance ; il pesa le plat ; et, après avoir expliqué à Aladdin ce que c'était qu'un marc d'argent, combien il valait, et ses subdivisions, il lui fit remarquer que, suivant le poids du plat, il valait soixante-douze pièces d'or, qu'il lui compta sur-le-champ en espèces. « Voilà, dit-il, la juste valeur de votre plat. Si vous en doutez, vous pouvez vous adresser à celui de nos orfèvres qu'il vous plaira ; et, s'il vous dit qu'il vaut davantage, je vous promets de vous en payer le double. Nous ne gagnons que la façon de l'argenterie que nous achetons ; et c'est ce que les juifs les plus équitables ne font pas. »

Aladdin remercia bien fort l'orfèvre du bon conseil qu'il venait de lui donner, et dont il tirait déjà un si grand avantage. Dans la suite, il ne s'adressa plus qu'à lui pour vendre les autres plats, aussi bien que le bassin, dont la juste valeur lui fut toujours payée à proportion de son poids. Quoique Aladdin et sa mère eussent une source intarissable d'argent en leur lampe, pour s'en procurer tant qu'ils voudraient dès qu'il viendrait à leur manquer, ils continuèrent néanmoins de vivre toujours avec la même frugalité qu'auparavant, à la réserve de ce qu'Aladdin en mettait à part pour s'entretenir honnêtement et pour se pourvoir des commodités nécessaires dans leur petit ménage. Sa mère, de son côté, ne prenait la dépense de ses habits que sur ce que lui valait le coton qu'elle filait. Avec une conduite si sobre, il est aisé de juger combien de temps l'argent des douze plats et du bassin, selon le prix qu'Aladdin les avait vendus à l'orfèvre, devait leur avoir duré. Ils vécurent de la sorte pendant quelques années, avec le secours du bon usage qu'Aladdin faisait de la lampe de temps en temps.

Dans cet intervalle, Aladdin, qui ne manquait pas de se trouver avec beaucoup d'assiduité au rendez-vous des personnes de distinction, dans les boutiques des plus gros marchands de draps d'or et d'argent, d'étoffes de soie, de toiles les plus fines, et de joailleries, et qui se mêlait quelquefois dans leurs conversations, acheva de se former et prit insensiblement toutes les manières du beau monde. Ce fut particulièrement chez les joailliers qu'il fut détrompé de la pensée qu'il avait que les fruits transparents qu'il avait cueillis dans le jardin où il était allé prendre la lampe n'étaient que du verre coloré, et qu'il apprit que c'étaient des pierres de grand prix. A force de voir vendre et acheter de toutes sortes de ces pierreries dans leurs boutiques, il en apprit la connaissance et le prix ; et, comme il n'en voyait pas de pareilles aux siennes, ni en beauté ni en grosseur, il comprit qu'au lieu de morceaux de verre qu'il avait regardés comme des bagatelles, il possédait un trésor inestimable. Il eut la prudence de n'en parler à personne, pas même à sa mère ; et il n'y a pas de doute que son silence ne lui ait valu la haute fortune où nous verrons dans la suite qu'il s'éleva.

Un jour, en se promenant dans un quartier de la ville, Aladdin entendit publier à haute voix un ordre du sultan, de fermer les boutiques et les portes des maisons, et de se renfermer chacun chez soi jusqu'à ce que la princesse Badroulboudour, fille du sultan, fût passée pour aller au bain, et qu'elle en fût revenue.

Ce cri public fit naître à Aladdin la curiosité de voir la princesse à découvert ; mais il ne le pouvait qu'en se mettant dans quelque maison de connaissance, et au travers d'une jalousie ; ce qui ne le contentait pas, parce que la princesse, selon la coutume, devait avoir un voile sur le visage en allant au bain. Pour se satisfaire, il s'avisa d'un moyen qui lui réussit : il alla se placer derrière la porte du bain, qui était disposée de manière qu'il ne pouvait manquer de la voir venir en face.

Aladdin n'attendit pas longtemps : la princesse parut, et il la vit venir au travers d'une fente assez grande pour voir sans être vu. Elle était accompagnée d'une grande foule de ses femmes et d'eunuques qui marchaient sur les côtés et à sa suite. Quand elle fut à trois ou quatre pas de la porte du bain, elle ôta le voile qui lui couvrait le visage, et qui la gênait beaucoup ; et de la sorte elle donna lieu à Aladdin de la voir d'autant plus à son aise qu'elle venait droit à lui.

Jusqu'à ce moment, Aladdin n'avait pas vu d'autres femmes le visage découvert que sa mère, qui était âgée et qui n'avait jamais eu d'assez beaux traits pour lui faire juger que les autres femmes fussent plus belles. Il pouvait bien avoir entendu dire qu'il y en avait d'une beauté surprenante ; mais, quelques paroles qu'on emploie pour relever le mérite d'une beauté, jamais elles ne font l'impression que la beauté fait elle-même.

Lorsque Aladdin eut vu la princesse Badroulboudour, il perdit la pensée qu'il avait que toutes les femmes dussent ressembler à peu près à sa mère ; ses sentiments se trouvèrent bien différents, et son cœur ne put refuser toutes ses inclinations à l'objet qui venait de le charmer. En effet, la princesse était la plus belle brune que l'on pût voir au monde : elle avait les yeux grands, à fleur de tête, vifs et brillants, le regard doux et modeste, le nez d'une juste proportion et sans défaut, la bouche petite, les lèvres vermeilles et toutes charmantes par leur agréable symétrie ; en un mot, tous les traits de son visage étaient d'une régularité accomplie. On ne doit donc pas s'étonner si Aladdin fut ébloui et presque hors de lui-même à la vue de l'assemblage de tant de merveilles qui lui étaient inconnues. Avec toutes ces perfections, la princesse avait encore une riche taille, un port et un air majestueux qui, à la voir seulement, lui attiraient le respect qui lui était dû.

Quand la princesse fut entrée dans le bain, Aladdin demeura quelque temps interdit et comme en extase, en retraçant et en s'imprimant profondément l'idée d'un objet dont il était charmé et pénétré jusqu'au fond du cœur. Il rentra enfin en lui-même ; et, en considérant que la princesse était passée et qu'il garderait inutilement son poste pour la revoir à la sortie du bain, puisqu'elle devait lui tourner le dos et être voilée, il prit le parti de l'abandonner et de se retirer chez lui.

Aladdin, en rentrant chez lui, ne put si bien cacher son trouble et son inquiétude que sa mère ne s'en aperçût. Elle fut surprise de le voir ainsi triste et rêveur contre son ordinaire ; elle lui demanda s'il lui était arrivé quelque chose, ou s'il se trouvait indisposé. Mais Aladdin ne lui fit aucune réponse, et il s'assit négligemment sur le sofa, où il demeura dans la même situation, toujours occupé à se retracer l'image charmante de la princesse Badroulboudour. Sa mère, qui préparait le souper, ne le pressa pas davantage. Quand il fut prêt, elle le servit près de lui sur le sofa, et se mit à table ; mais, comme elle s'aperçut que son fils n'y faisait aucune attention, elle l'avertit de manger, et ce ne fut qu'avec bien de la peine qu'il changea de situation. Il mangea beaucoup moins qu'à l'ordinaire, les yeux toujours baissés, et avec un silence si profond qu'il ne fut pas possible à sa mère de tirer de lui la moindre parole sur toutes les demandes qu'elle lui fit pour tâcher d'apprendre le sujet d'un changement si extraordinaire.

Après le souper, elle voulut recommencer à lui demander le sujet d'une si grande mélancolie ; mais elle ne put en rien savoir, et il prit le parti de s'aller coucher plutôt que de donner à sa mère la moindre satisfaction sur cela.

Sans examiner comment Aladdin, épris de la beauté et des charmes de la princesse Badroulboudour, passa la nuit, nous remarquerons seulement que le lendemain, comme il était assis sur le sofa vis-à-vis de sa mère qui filait du coton à son ordinaire, il lui parla en ces termes : « Ma mère, dit-il, je romps le silence que j'ai gardé depuis hier à mon retour de la ville ; il vous a fait de la peine, et je m'en suis bien aperçu. Je n'étais pas malade, comme il m'a paru que vous l'avez cru, et je ne le suis pas encore ; mais je ne puis vous dire ce que je sentais ; et ce que je ne cesse encore de sentir est quelque chose de pire qu'une maladie. Je ne sais pas bien quel est ce mal ; mais je ne doute pas que ce que vous allez entendre ne vous le fasse connaître. On n'a pas su dans ce quartier, continua Aladdin, et ainsi vous n'avez pu le savoir, qu'hier la princesse Badroulboudour, fille du sultan, alla au bain l'après-dîner. J'appris cette nouvelle en me promenant par la ville. On publia un ordre de fermer les boutiques et de se retirer chacun chez soi, pour rendre à cette princesse l'honneur qui lui est dû, et lui laisser le chemin libre dans les rues par où elle devait passer. Comme je n'étais pas éloigné du bain, la curiosité de la voir le visage découvert me fit naître la pensée d'aller me placer derrière la porte du bain, en faisant réflexion qu'il pouvait arriver qu'elle ôterait son voile quand elle serait près d'y entrer. Vous savez la disposition de la porte, et vous pouvez juger vous-même que je devais la voir à mon aise, si ce que je m'étais imaginé arrivait. En effet, elle ôta son voile en entrant, et j'eus le bonheur de voir cette aimable princesse avec la plus grande satisfaction du monde. Voilà, ma mère, le grand motif de l'état où vous me vîtes hier quand je rentrai, et le sujet du silence que j'ai gardé jusqu'à présent. J'aime la princesse d'un amour dont la violence est telle que je ne saurais vous l'exprimer ; et, comme ma passion vive et ardente augmente à tout moment, je sens qu'elle ne peut être satisfaite que par la possession de l'aimable princesse Badroulboudour ; ce qui fait que j'ai pris la résolution de la faire demander en mariage au sultan. »

La mère d'Aladdin avait écouté le discours de son fils avec assez d'attention jusqu'à ces dernières paroles ; mais, quand elle eut entendu que son dessein était de faire demander la princesse Badroulboudour en mariage, elle ne put s'empêcher de l'interrompre par un grand éclat de rire. Aladdin voulut poursuivre ; mais, en l'interrompant encore : « Eh ! mon fils, lui dit-elle, à quoi pensez-vous ? Il faut que vous ayez perdu l'esprit pour me tenir un pareil discours !

– Ma mère, reprit Aladdin, je puis vous assurer que je n'ai pas perdu l'esprit, je suis dans mon bon sens. J'ai prévu les reproches de folie et d'extravagance que vous me faites, et ceux que vous pourriez me faire ; mais tout cela ne m'empêchera pas de vous dire encore une fois que ma résolution est prise de faire demander au sultan la princesse Badroulboudour en mariage.

– En vérité, mon fils, repartit la mère très sérieusement, je ne saurais m'empêcher de vous dire que vous vous oubliez entièrement ; et, quand même vous voudriez exécuter cette résolution, je ne vois pas par qui vous oseriez faire cette demande au sultan. – Par vous-même, répliqua aussitôt le fils sans hésiter. – Par moi ! s'écria la mère d'un air de surprise et d'étonnement ; et au sultan ! Ah ! je me garderai bien de m'engager dans une pareille entreprise ! Et qui êtes-vous, mon fils, continua-t-elle, pour avoir la hardiesse de penser à la fille de votre sultan ? Avez-vous oublié que vous êtes fils d'un tailleur des moindres de sa capitale, et d'une mère dont les ancêtres n'ont pas été d'une naissance plus relevée ? Savez-vous que les sultans ne daignent pas donner leurs filles en mariage, même à des fils de sultans qui n'ont pas l'espérance de régner un jour comme eux ?

– Ma mère, répliqua Aladdin, je vous ai déjà dit que j'ai prévu tout ce que vous venez de me dire, et je dis la même chose de tout ce que vous y pourrez ajouter : vos discours ni vos remontrances ne me feront pas changer de sentiment. Je vous ai dit que je ferais demander la princesse Badroulboudour en mariage par votre entremise : c'est une grâce que je vous demande avec tout le respect que je vous dois, et je vous supplie de ne me la pas refuser, à moins que vous n'aimiez mieux me voir mourir que de me donner la vie une seconde fois. »

La mère d'Aladdin se trouva fort embarrassée quand elle vit l'opiniâtreté avec laquelle Aladdin persistait dans un dessein si éloigné du bon sens. « Mon fils, lui dit-elle encore, je suis votre mère ; et, comme une bonne mère qui vous a mis au monde, il n'y a rien de raisonnable à mon état et au vôtre que je ne fusse prête à faire pour l'amour de vous. S'il s'agissait de parler de mariage pour vous avec la fille de quelqu'un de nos voisins, d'une condition pareille ou approchante de la vôtre, je n'oublierais rien, et je m'emploierais de bon cœur en tout ce qui serait de mon pouvoir ; encore, pour y réussir, faudrait-il que vous eussiez quelques biens ou quelques revenus, ou que vous sussiez un métier. Quand de pauvres gens comme nous veulent se marier, la première chose à quoi ils doivent songer, c'est d'avoir de quoi vivre. Mais, sans faire réflexion sur la bassesse de votre naissance, sur le peu de mérite et de biens que vous avez, vous prenez votre vol jusqu'au plus haut degré de la fortune, et vos prétentions ne sont pas moindres que de vouloir demander en mariage et d'épouser la fille de votre souverain, qui n'a qu'à dire un mot pour vous précipiter et vous écraser. Je laisse à part ce qui vous regarde, c'est à vous à y faire les réflexions que vous devez pour peu que vous ayez de bon sens. Je viens à ce qui me touche. Comment une pensée aussi extraordinaire que celle de vouloir que j'aille faire la proposition au sultan de vous donner la princesse sa fille en mariage a-t-elle pu vous venir dans l'esprit ? Je suppose que j'aie, je ne dis pas la hardiesse, mais l'effronterie d'aller me présenter devant Sa Majesté pour lui faire une demande si extravagante, à qui m'adresserai-je pour m'introduire ? Croyez-vous que le premier à qui j'en parlerais ne me traitât pas de folle, et ne me chassât pas indignement, comme je le mériterais ? Je suppose encore qu'il n'y ait pas de difficulté à se présenter à l'audience du sultan ; je sais qu'il n'y en a pas quand on s'y présente pour lui demander justice, et qu'il la rend volontiers à ses sujets quand ils la lui demandent. Je sais aussi que, quand on se présente à lui pour lui demander une grâce, il l'accorde avec plaisir, quand il voit qu'on l'a méritée et qu'on en est digne. Mais êtes-vous dans ce cas-là, et croyez-vous avoir mérité la grâce que vous voulez que je demande pour vous ? En êtes-vous digne ? Qu'avez-vous fait pour votre prince ou pour votre patrie, et en quoi vous êtes-vous distingué ? Si vous n'avez rien fait pour mériter une si grande grâce, et que d'ailleurs vous n'en soyez pas digne, avec quel front pourrai-je la demander ? Comment pourrais-je seulement ouvrir la bouche pour la proposer au sultan ? Sa présence toute majestueuse et l'éclat de sa cour me fermeraient la bouche aussitôt, à moi qui tremblais devant feu mon mari, votre père, quand j'avais à lui demander la moindre chose. Il y a une autre raison, mon fils, à quoi vous ne pensez pas, qui est qu'on ne se présente pas devant nos sultans sans un présent à la main, quand on a quelque grâce à leur demander. Les présents ont au moins cet avantage que, s'ils refusent la grâce, pour les raisons qu'ils peuvent avoir, ils écoutent au moins la demande et celui qui la fait, sans aucune répugnance. Mais quel présent avez-vous à faire ? Et, quand vous auriez quelque chose qui fût digne de la moindre attention d'un si grand monarque, quelle proportion y aurait-il de votre présent avec la demande que vous voulez lui faire ? Rentrez en vous-même, et songez que vous aspirez à une chose qu'il vous est impossible d'obtenir. »

Aladdin écouta fort tranquillement tout ce que sa mère put lui dire pour tâcher de le détourner de son dessein ; et, après avoir fait réflexion sur tous les points de sa remontrance, il prit enfin la parole et il lui dit : « J'avoue, ma mère, que c'est une grande témérité à moi d'oser porter mes prétentions aussi loin que je fais, et une grande inconsidération d'avoir exigé de vous avec tant de chaleur et de promptitude d'aller faire la proposition de mon mariage au sultan, sans prendre auparavant les moyens propres à vous procurer une audience et un accueil favorables. Je vous en demande pardon ; mais, dans la violence de la passion qui me possède, ne vous étonnez pas si d'abord je n'ai pas envisagé tout ce qui peut servir à me procurer le repos que je cherche. J'aime la princesse Badroulboudour au-delà de ce que vous pouvez vous imaginer, ou plutôt je l'adore, et je persévère toujours dans le dessein de l'épouser : c'est une chose arrêtée et résolue dans mon esprit. Je vous suis obligé de l'ouverture que vous venez de me faire ; je la regarde comme la première démarche qui doit me procurer l'heureux succès que je me promets. Vous me dites que ce n'est pas la coutume de se présenter devant le sultan sans un présent à la main, et que je n'ai rien qui soit digne de lui. Je tombe d'accord du présent, et je vous avoue que je n'y avais pas pensé. Mais, quant à ce que vous me dites que je n'ai rien qui puisse lui être présenté, croyez-vous, ma mère, que ce que j'ai apporté le jour que je fus délivré d'une mort inévitable de la manière que vous savez ne soit pas de quoi faire un présent très agréable au sultan ? Je parle de ce que j'ai apporté dans les deux bourses et dans ma ceinture, et que nous avons pris, vous et moi, pour des verres colorés ; mais à présent je suis détrompé, et je vous apprends, ma mère, que ce sont des pierreries d'un prix inestimable, qui ne conviennent qu'à de grands monarques. J'en ai connu le mérite en fréquentant les boutiques de joailliers, et vous pouvez m'en croire sur ma parole. Toutes celles que j'ai vues chez nos marchands joailliers ne sont pas comparables à celles que nous possédons, ni en grosseur, ni en beauté ; et cependant ils les font monter à des prix excessifs. A la vérité, nous ignorons, vous et moi, le prix des nôtres ; mais, quoi qu'il en puisse être, autant que je puis en juger par le peu d'expérience que j'en ai, je suis persuadé que le présent ne peut être que très agréable au sultan. Vous avez une porcelaine assez grande et d'une forme très propre pour les contenir ; apportez-la, et voyons l'effet qu'elles feront quand nous les y aurons arrangées selon leurs différentes couleurs. »

La mère d'Aladdin apporta la porcelaine, et Aladdin tira les pierreries des deux bourses et les arrangea dans la porcelaine. L'effet qu'elles firent au grand jour par la variété de leurs couleurs, par leur éclat et par leur brillant, fut tel que la mère et le fils en demeurèrent presque éblouis : ils en furent dans un grand étonnement, car ils ne les avaient vues l'un et l'autre qu'à la lumière d'une lampe. Il est vrai qu'Aladdin les avait vues chacune sur leurs arbres, comme des fruits qui devaient faire un spectacle ravissant ; mais, comme il était encore enfant, il n'avait regardé ces pierreries que comme des bijoux propres à s'en jouer, et il ne s'en était chargé que dans cette vue et sans autre connaissance.

Après avoir admiré quelque temps la beauté du présent, Aladdin reprit la parole. « Ma mère, dit-il, vous ne vous excuserez plus d'aller vous présenter au sultan, sous prétexte de n'avoir pas un présent à lui faire ; en voilà un, ce me semble, qui fera que vous serez reçue avec un accueil des plus favorables. »

Quoique la mère d'Aladdin, nonobstant la beauté et l'éclat du présent, ne le crût pas d'un prix aussi grand que son fils l'estimait, elle jugea néanmoins qu'il pouvait être agréé, et elle sentait bien qu'elle n'avait rien à lui répliquer sur ce sujet ; mais elle en revenait toujours à la demande qu'Aladdin voulait qu'elle fît au sultan à la faveur de ce présent ; cela l'inquiétait toujours fortement. « Mon fils, lui disait-elle, je n'ai pas de peine à concevoir que le présent fera son effet, et que le sultan voudra bien me regarder de bon œil ; mais, quand il faudra que je m'acquitte de la demande que vous voulez que je lui fasse, je sens bien que je n'en aurai pas la force et que je demeurerai muette. Ainsi, non seulement j'aurai perdu mes pas, mais même le présent, qui, selon vous, est d'une richesse si extraordinaire, et je reviendrai avec confusion vous annoncer que vous serez frustré de votre espérance. Je vous l'ai déjà dit, et vous devez croire que cela arrivera ainsi. Mais, ajouta-t-elle, je veux que je me fasse violence pour me soumettre à votre volonté, et que j'aie assez de force pour oser faire la demande que vous voulez que je fasse, il arrivera très certainement ou que le sultan se moquera de moi et me renverra comme une folle, ou qu'il se mettra dans une juste colère, dont immanquablement nous serons, vous et moi, les victimes. »

La mère d'Aladdin dit encore à son fils plusieurs autres raisons pour tâcher de le faire changer de sentiment ; mais les charmes de la princesse Badroulboudour avaient fait une impression trop forte dans son cœur pour le détourner de son dessein. Aladdin persista à exiger de sa mère qu'elle exécutât ce qu'il avait résolu ; et, autant par la tendresse qu'elle avait pour lui que par la crainte qu'il ne s'abandonnât à quelque extrémité fâcheuse, elle vainquit sa répugnance, et elle condescendit à la volonté de son fils.

Comme il était trop tard et que le temps d'aller au palais pour se présenter au sultan ce jour-là était passé, la chose fut remise au lendemain. La mère et le fils ne s'entretinrent d'autre chose le reste de la journée, et Aladdin prit un grand soin d'inspirer à sa mère tout ce qui lui vint dans la pensée pour la confirmer dans le parti qu'elle avait enfin accepté, d'aller se présenter au sultan. Malgré toutes les raisons du fils, la mère ne pouvait se persuader qu'elle pût jamais réussir dans cette affaire ; et véritablement il faut avouer qu'elle avait tout lieu d'en douter. « Mon fils, dit-elle à Aladdin, si le sultan me reçoit aussi favorablement que je le souhaite pour l'amour de vous, s'il écoute tranquillement la proposition que vous voulez que je lui fasse, mais si après ce bon accueil il s'avise de me demander où sont vos biens, vos richesses et vos États, car c'est de quoi il s'informera avant toutes choses, plutôt que de votre personne ; si, dis-je, il me fait cette demande, que voulez-vous que je lui réponde ?

– Ma mère, répondit Aladdin, ne nous inquiétons point par avance d'une chose qui peut-être n'arrivera pas. Voyons premièrement l'accueil que vous fera le sultan, et la réponse qu'il vous donnera. S'il arrive qu'il veuille être informé de tout ce que vous venez de me dire, je verrai alors la réponse que j'aurai à lui faire. J'ai confiance que la lampe par le moyen de laquelle nous subsistons depuis quelques années ne me manquera pas dans le besoin. »

La mère d'Aladdin n'eut rien à répliquer à ce que son fils venait de lui dire. Elle fit réflexion que la lampe dont il parlait pouvait bien servir à de plus grandes merveilles qu'à leur procurer simplement de quoi vivre. Cela la satisfit, et leva en même temps toutes les difficultés qui auraient pu encore la détourner du service qu'elle avait promis de rendre à son fils auprès du sultan. Aladdin, qui pénétra dans la pensée de sa mère, lui dit : « Ma mère, au moins souvenez-vous de garder le secret ; c'est de là que dépend tout le bon succès que nous devons attendre, vous et moi, de cette affaire. » Aladdin et sa mère se séparèrent pour prendre quelque repos ; mais l'amour violent et les grands projets d'une fortune immense dont le fils avait l'esprit tout rempli l'empêchèrent de passer la nuit aussi tranquillement qu'il aurait bien souhaité. Il se leva avant la petite pointe du jour, et alla aussitôt éveiller sa mère. Il la pressa de s'habiller le plus promptement qu'elle pourrait, afin d'aller se rendre à la porte du palais du sultan et d'y entrer à l'ouverture, en même temps que le grand-vizir, les vizirs subalternes et tous les grands officiers de l'État y entraient pour la séance du divan, où le sultan assistait toujours en personne.

La mère d'Aladdin fit tout ce que son fils voulut. Elle prit la porcelaine où était le présent de pierreries, l'enveloppa dans un double linge, l'un très fin et très propre, l'autre moins fin, qu'elle lia par les quatre coins pour le porter plus aisément. Elle partit enfin avec une grande satisfaction d'Aladdin, et elle prit le chemin du palais du sultan. Le grand-vizir, accompagné des autres vizirs, et les seigneurs de la cour les plus qualifiés, étaient déjà entrés quand elle arriva à la porte. La foule de tous ceux qui avaient des affaires au divan était grande. On ouvrit, et elle marcha avec eux jusqu'au divan. C'était un très beau salon, profond et spacieux, dont l'entrée était grande et magnifique. Elle s'arrêta, et se rangea de manière qu'elle avait en face le sultan, le grand-vizir et les seigneurs qui avaient séance au conseil à droite et à gauche. On appela les parties les unes après les autres selon l'ordre des requêtes qu'elles avaient présentées, et leurs affaires furent rapportées, plaidées et jugées jusqu'à l'heure ordinaire de la séance du divan. Alors le sultan se leva, congédia le conseil, et rentra dans son appartement, où il fut suivi par le grand-vizir. Les autres vizirs et les ministres du conseil se retirèrent. Tous ceux qui s'y étaient trouvés pour des affaires particulières firent la même chose, les uns contents du gain de leurs procès, les autres mal satisfaits du jugement rendu contre eux, et d'autres enfin avec l'espérance d'être jugés dans une autre séance.

La mère d'Aladdin, qui avait vu le sultan se lever et se retirer, jugea bien qu'il ne reparaîtrait pas davantage ce jour-là, en voyant tout le monde sortir ; ainsi elle prit le parti de retourner chez elle. Aladdin, qui la vit rentrer avec le présent destiné au sultan, ne sut d'abord que penser du succès de son voyage. Dans la crainte où il était qu'elle n'eût quelque chose de sinistre à lui annoncer, il n'avait pas la force d'ouvrir la bouche pour lui demander quelle nouvelle elle lui apportait. La bonne mère, qui n'avait jamais mis le pied dans le palais du sultan, et qui n'avait pas la moindre connaissance de ce qui s'y pratiquait ordinairement, tira son fils de l'embarras où il était en lui disant avec une grande naïveté : « Mon fils, j'ai vu le sultan, et je suis bien persuadée qu'il m'a vue aussi. J'étais placée devant lui, et personne ne l'empêchait de me voir ; mais il était si fort occupé par tous ceux qui parlaient à droite et à gauche qu'il me faisait compassion de voir la peine et la patience qu'il se donnait à les écouter. Cela a duré si longtemps qu'à la fin je crois qu'il s'est ennuyé : car il s'est levé sans qu'on s'y attendît, et il s'est retiré assez brusquement, sans vouloir entendre quantité d'autres personnes qui étaient en rang pour lui parler à leur tour. Cela m'a fait cependant un grand plaisir. En effet, je commençais à perdre patience, et j'étais extrêmement fatiguée de demeurer debout si longtemps ; mais il n'y a rien de gâté : je ne manquerai pas d'y retourner demain ; le sultan ne sera peut-être pas si occupé. »

Quelque amoureux que fût Aladdin, il fut contraint de se contenter de cette excuse et de s'armer de patience. Il eut au moins la satisfaction de voir que sa mère avait fait la démarche la plus difficile, qui était de soutenir la vue du sultan, et d'espérer qu'à l'exemple de ceux qui lui avaient parlé en sa présence, elle n'hésiterait pas aussi à s'acquitter de la commission dont elle était chargée, quand le moment favorable de lui parler se présenterait.

Le lendemain, d'aussi grand matin que le jour précédent, la mère d'Aladdin alla encore au palais du sultan avec le présent de pierreries ; mais son voyage fut inutile : elle trouva la porte du divan fermée, et elle apprit qu'il n'y avait de conseil que de deux jours l'un, et ainsi qu'il fallait qu'elle revînt le jour suivant. Elle s'en alla porter cette nouvelle à son fils, qui fut obligé de renouveler sa patience. Elle y retourna six autres fois aux jours marqués, en se plaçant toujours devant le sultan, mais avec aussi peu de succès que la première ; et peut-être qu'elle y serait retournée cent autres fois aussi inutilement, si le sultan, qui la voyait toujours vis-à-vis de lui à chaque séance, n'eût fait attention à elle. Cela est d'autant plus probable qu'il n'y avait que ceux qui avaient des requêtes à présenter qui approchaient du sultan, chacun à leur tour, pour plaider leur cause dans leur rang ; et la mère d'Aladdin n'était point dans ce cas-là.

Ce jour-là enfin, après la levée du conseil, quand le sultan fut rentré dans son appartement, il dit à son grand-vizir : « Il y a déjà quelque temps que je remarque une certaine femme qui vient régulièrement chaque jour que je tiens mon conseil, et qui porte quelque chose d'enveloppé dans un linge ; elle se tient debout depuis le commencement de l'audience jusqu'à la fin et affecte de se mettre toujours devant moi : savez-vous ce qu'elle demande ? »

Le grand-vizir, qui n'en savait pas plus que le sultan, ne voulut pas néanmoins demeurer court. « Sire, répondit-il, Votre Majesté n'ignore pas que les femmes forment souvent des plaintes sur des sujets de rien : celle-ci apparemment vient porter sa plainte devant Votre Majesté sur ce qu'on lui a vendu de la méchante farine, ou sur quelque autre tort d'aussi peu de conséquence. » Le sultan ne se satisfit pas de cette réponse. « Au premier jour du conseil, reprit-il, si cette femme revient, ne manquez pas de la faire appeler, afin que je l'entende. » Le grand-vizir ne lui répondit qu'en baisant la main et en la portant au-dessus de sa tête, pour marquer qu'il était prêt à la perdre s'il y manquait.

La mère d'Aladdin s'était déjà fait une habitude si grande de paraître au conseil devant le sultan qu'elle comptait sa peine pour rien, pourvu qu'elle fît connaître à son fils qu'elle n'oubliait rien de tout ce qui dépendait d'elle pour lui complaire. Elle retourna donc au palais le jour du conseil, et elle se plaça à l'entrée du divan, vis-à-vis le sultan, à son ordinaire.

Le grand-vizir n'avait pas encore commencé à rapporter aucune affaire quand le sultan aperçut la mère d'Aladdin. Touché de compassion de la longue patience dont il avait été témoin : « Avant toutes choses, de crainte que vous ne l'oubliiez, dit-il au grand-vizir, voilà la femme dont je vous parlais dernièrement ; faites-la venir, et commençons par l'entendre et par expédier l'affaire qui l'amène. » Aussitôt le grand-vizir montra cette femme au chef des huissiers qui était debout, prêt à recevoir ses ordres, et lui commanda d'aller la prendre et de la faire avancer.

Le chef des huissiers vint jusqu'à la mère d'Aladdin ; et, au signe qu'il lui fit, elle le suivit jusqu'au pied du trône du sultan, où il la laissa pour aller se ranger à sa place près du grand-vizir.

La mère d'Aladdin, instruite par l'exemple de tant d'autres qu'elle avait vus aborder le sultan, se prosterna le front contre le tapis qui couvrait les marches du trône, et elle demeura en cet état jusqu'à ce que le sultan lui commandât de se relever. Elle se leva ; et alors : « Bonne femme, lui dit le sultan, il y a longtemps que je vous vois venir à mon divan, et demeurer à l'entrée depuis le commencement jusqu'à la fin : quelle affaire vous amène ici ? »

La mère d'Aladdin se prosterna une seconde fois après avoir entendu ces paroles ; et, quand elle fut relevée : « Monarque au-dessus des monarques du monde, dit-elle, avant d'exposer à Votre Majesté le sujet extraordinaire, et même presque incroyable, qui me fait paraître devant son trône sublime, je la supplie de me pardonner la hardiesse, pour ne pas dire l'impudence de la demande que je viens lui faire : elle est si peu commune que je tremble, et que j'ai honte de la proposer à mon sultan. » Pour lui donner la liberté entière de s'expliquer, le sultan commanda que tout le monde sortît du divan, et qu'on le laissât seul avec son grand-vizir ; et alors il lui dit qu'elle pouvait parler et s'expliquer sans crainte.

La mère d'Aladdin ne se contenta pas de la bonté du sultan, qui venait de lui épargner la peine qu'elle eût pu souffrir en parlant devant tant de monde ; elle voulut encore se mettre à couvert de l'indignation qu'elle avait à craindre de la proposition qu'elle devait lui faire, et à laquelle il ne s'attendait pas. « Sire, dit-elle en reprenant la parole, j'ose encore supplier Votre Majesté, au cas qu'elle trouve la demande que j'ai à lui faire offensante ou injurieuse en la moindre chose, de m'assurer auparavant de son pardon, et de m'en accorder la grâce. – Quoi que ce puisse être, repartit le sultan, je vous le pardonne dès à présent, et il ne vous en arrivera pas le moindre mal : parlez hardiment. »

Quand la mère d'Aladdin eut pris toutes ses précautions, en femme qui redoutait la colère du sultan sur une proposition aussi délicate que celle qu'elle avait à lui faire, elle lui raconta fidèlement dans quelle occasion Aladdin avait vu la princesse Badroulboudour, l'amour violent que cette vue fatale lui avait inspiré, la déclaration qu'il lui en avait faite, tout ce qu'elle lui avait représenté pour le détourner d'une passion « non moins injurieuse à Votre Majesté, dit-elle au sultan, qu'à la princesse Votre fille. Mais, continua-t-elle, mon fils, bien loin d'en profiter et de reconnaître sa hardiesse, s'est obstiné à y persévérer jusqu'au point de me menacer de quelque action de désespoir si je refusais de venir demander la princesse en mariage à Votre Majesté ; et ce n'a été qu'après m'être fait une violence extrême que j'ai été contrainte d'avoir cette complaisance pour lui, de quoi je supplie encore une fois Votre Majesté de m'accorder le pardon, non seulement à moi, mais même à Aladdin mon fils, d'avoir eu la pensée téméraire d'aspirer à une si haute alliance ».

Le sultan écouta tout ce discours avec beaucoup de douceur et de bonté, sans donner aucune marque de colère ou d'indignation, et même sans prendre la demande en raillerie.

Mais, avant de donner réponse à cette bonne femme, il lui demanda ce que c'était que ce qu'elle avait apporté enveloppé dans un linge. Aussitôt elle prit le vase de porcelaine qu'elle avait mis au pied du trône avant de se prosterner ; elle le découvrit et le présenta au sultan.

On ne saurait exprimer la surprise et l'étonnement du sultan lorsqu'il vit rassemblées dans ce vase tant de pierreries si considérables, si précieuses, si parfaites, si éclatantes, et d'une grosseur dont il n'en avait point encore vu de pareilles. Il resta quelque temps dans une si grande admiration qu'il en était immobile. Après être enfin revenu à lui, il reçut le présent des mains de la mère d'Aladdin, en s'écriant avec un transport de joie : « Ah ! que cela est beau ! que cela est riche ! » Après avoir admiré et manié presque toutes les pierreries l'une après l'autre, en les prisant chacune par l'endroit qui les distinguait, il se tourna du côté de son grand-vizir, et, en lui montrant le vase : « Vois, dit-il, et conviens qu'on ne peut rien voir au monde de plus riche et de plus parfait. » Le vizir en fut charmé. « Hé bien, continua le sultan, que dis-tu d'un tel présent ? N'est-il pas digne de la princesse ma fille, et ne puis-je pas la donner à ce prix-là à celui qui me la fait demander ? »

Ces paroles mirent le grand-vizir dans une étrange agitation. Il y avait quelque temps que le sultan lui avait fait entendre que son intention était de donner la princesse sa fille en mariage à un fils qu'il avait. Il craignit, et ce n'était pas sans fondement, que le sultan, ébloui par un présent si riche et si extraordinaire, ne changeât de sentiment. Il s'approcha du sultan, et, en lui parlant à l'oreille : « Sire, dit-il, on ne peut disconvenir que le présent ne soit digne de la princesse ; mais je supplie Votre Majesté de m'accorder trois mois avant de se déterminer : j'espère qu'avant ce temps-là, mon fils, sur qui elle a eu la bonté de me témoigner qu'elle avait jeté les yeux, aura de quoi lui en faire un d'un plus grand prix que celui d'Aladdin, que Votre Majesté ne connaît pas. » Le sultan, quoique bien persuadé qu'il n'était pas possible que son grand-vizir pût trouver à son fils de quoi faire un présent d'une aussi grande conséquence à la princesse sa fille, ne laissa pas néanmoins de l'écouter et de lui accorder cette grâce. Ainsi, en se retournant du côté de la mère d'Aladdin, il lui dit : « Allez, bonne femme, retournez chez vous, et dites à votre fils que j'agrée la proposition que vous m'avez faite de sa part, mais que je ne puis marier la princesse ma fille que je ne lui aie fait faire un ameublement qui ne sera prêt que dans trois mois. Ainsi, revenez en ce temps-là. »

La mère d'Aladdin retourna chez elle avec une joie d'autant plus grande que, par rapport à son état, elle avait d'abord regardé l'accès auprès du sultan comme impossible, et que d'ailleurs elle avait obtenu une réponse si favorable, au lieu qu'elle ne s'était attendue qu'à un rebut qui l'aurait couverte de confusion. Deux choses firent juger à Aladdin, quand il vit entrer sa mère, qu'elle lui apportait une bonne nouvelle : l'une, qu'elle revenait de meilleure heure qu'à l'ordinaire ; et l'autre, qu'elle avait le visage gai et ouvert. « Hé bien, ma mère, lui dit-il, dois-je espérer ? dois-je mourir de désespoir ? » Quand elle eut quitté son voile et qu'elle se fut assise sur le sofa avec lui : « Mon fils, dit-elle, pour ne vous pas tenir trop longtemps dans l'incertitude, je commencerai par vous dire que, bien loin de songer à mourir, vous avez tout sujet d'être content. » En poursuivant son discours, elle lui raconta de quelle manière elle avait eu audience avant tout le monde, ce qui était cause qu'elle était revenue de si bonne heure ; les précautions qu'elle avait prises pour faire au sultan, sans qu'il s'en offensât, la proposition de mariage de la princesse Badroulboudour avec lui, et la réponse toute favorable que le sultan lui avait faite de sa propre bouche. Elle ajouta que, autant qu'elle en pouvait juger par les marques que le sultan en avait données, le présent, sur toutes choses, avait fait un puissant effet sur son esprit pour le déterminer à la réponse favorable qu'elle rapportait. « Je m'y attendais d'autant moins, dit-elle encore, que le grand-vizir lui avait parlé à l'oreille avant qu'il me la fît, et que je craignais qu'il ne le détournât de la bonne volonté qu'il pouvait avoir pour vous. »

Aladdin s'estima le plus heureux des mortels en apprenant cette nouvelle. Il remercia sa mère de toutes les peines qu'elle s'était données dans la poursuite de cette affaire, dont l'heureux succès était si important pour son repos ; et quoique, dans l'impatience où il était de jouir de l'objet de sa passion, trois mois lui parussent d'une longueur extrême, il se disposa néanmoins à attendre avec patience, fondé sur la parole du sultan, qu'il regardait comme irrévocable. Pendant qu'il comptait non seulement les heures, les jours et les semaines, mais même jusqu'aux moments, en attendant que le terme fût passé, environ deux mois s'étaient écoulés quand sa mère, un soir, en voulant allumer la lampe, s'aperçut qu'il n'y avait plus d'huile dans la maison. Elle sortit pour en aller acheter ; et, en avançant dans la ville, elle vit que tout y était en fête. En effet, les boutiques, au lieu d'être fermées, étaient ouvertes ; on les ornait de feuillage, on y préparait des illuminations, chacun s'efforçait à qui le ferait avec plus de pompe et de magnificence pour mieux marquer son zèle : tout le monde enfin donnait des démonstrations de joie et de réjouissance. Les rues étaient même embarrassées par des officiers en habits de cérémonie, montés sur des chevaux richement harnachés, et environnés d'un grand nombre de valets de pied qui allaient et venaient. Elle demanda au marchand chez qui elle achetait son huile ce que tout cela signifiait. « D'où venez-vous, ma bonne dame ? lui dit-il ; ne savez-vous pas que le fils du grand-vizir épouse ce soir la princesse Badroulboudour, fille du sultan ? Elle va bientôt sortir du bain, et les officiers que vous voyez s'assemblent pour lui faire cortège jusqu'au palais où se doit faire la cérémonie. »

La mère d'Aladdin ne voulut pas en apprendre davantage. Elle revint en si grande diligence qu'elle rentra chez elle presque hors d'haleine. Elle trouva son fils qui ne s'attendait à rien moins qu'à la fâcheuse nouvelle qu'elle lui apportait. « Mon fils, s'écria-t-elle, tout est perdu pour vous ! Vous comptiez sur la belle promesse du sultan, il n'en sera rien. » Aladdin, alarmé de ces paroles : « Ma mère, reprit-il, par quel endroit le sultan ne me tiendrait-il pas sa promesse ? Comment le savez-vous ? – Ce soir, repartit la mère, le fils du grand-vizir épouse la princesse Badroulboudour dans le palais. » Elle lui raconta de quelle manière elle venait de l'apprendre par tant de circonstances qu'il n'eut pas lieu d'en douter.

A cette nouvelle, Aladdin demeura immobile, comme s'il eût été frappé d'un coup de foudre. Tout autre que lui en eût été accablé ; mais une jalousie secrète l'empêcha d'y demeurer longtemps. Dans le moment il se souvint de la lampe qui lui avait été si utile jusqu'alors, et, sans aucun emportement en vaines paroles contre le sultan, contre le grand-vizir, ou contre le fils de ce ministre, il dit seulement : « Ma mère, le fils du grand-vizir ne sera peut-être pas cette nuit aussi heureux qu'il se le promet. Pendant que je vais dans ma chambre pour un moment, préparez-nous à souper. »

La mère d'Aladdin comprit bien que son fils voulait faire usage de la lampe pour empêcher, s'il était possible, que le mariage du fils du grand-vizir avec la princesse ne vînt jusqu'à la consommation, et elle ne se trompait pas. En effet, quand Aladdin fut dans sa chambre, il prit la lampe merveilleuse qu'il y avait portée, en l'ôtant de devant les yeux de sa mère, après que l'apparition du génie lui eut fait une si grande peur ; il prit, dis-je, la lampe, et il la frotta au même endroit que les autres fois. A l'instant, le génie parut devant lui : *Que veux-tu ?* dit-il à Aladdin ; *me voici prêt à t'obéir comme ton esclave, et de tous ceux qui ont la lampe à la main, moi et les autres esclaves de la lampe.*

« Écoute, lui dit Aladdin, tu m'as apporté jusqu'à présent de quoi me nourrir quand j'en ai eu besoin, il s'agit présentement d'une affaire de tout autre importance. J'ai fait demander en mariage au sultan la princesse Badroulboudour, sa fille ; il me l'a promise, et il m'a demandé un délai de trois mois. Au lieu de tenir sa promesse, ce soir, avant le terme échu, il la marie au fils du grand-vizir : je viens de l'apprendre, et la chose est certaine. Ce que je te demande, c'est que, dès que le nouvel époux et la nouvelle épouse seront couchés, tu les enlèves et que tu les apportes ici tous deux dans leur lit.

– *Mon maître,* reprit le génie, *je vais t'obéir. As-tu autre chose à me commander ?* – Rien autre chose pour le présent », repartit Aladdin. En même temps le génie disparut.

Aladdin revint trouver sa mère ; il soupa avec elle avec la même tranquillité qu'il avait de coutume. Après le souper, il s'entretint quelque temps avec elle du mariage de la princesse, comme d'une chose qui ne l'embarrassait plus. Il retourna à sa chambre et il laissa sa mère en liberté de se coucher. Pour lui, il ne se coucha pas, mais il attendit le retour du génie et l'exécution du commandement qu'il lui avait fait.

Pendant ce temps-là, tout avait été préparé avec bien de la magnificence dans le palais du sultan pour la célébration des noces de la princesse, et la soirée se passa en cérémonies et en réjouissances jusque bien avant dans la nuit. Quand tout fut achevé, le fils du grand-vizir, au signal que lui fit le chef des eunuques de la princesse, s'échappa adroitement, et cet officier l'introduisit dans l'appartement de la princesse son épouse, jusqu'à la chambre où le lit nuptial était préparé. Il se coucha le premier. Peu de temps après, la sultane, accompagnée de ses femmes et de celles de la princesse sa fille, amena la nouvelle épouse. Elle faisait de grandes résistances, selon la coutume des nouvelles mariées. La sultane aida à la déshabiller, la mit dans le lit comme par force, et, après l'avoir embrassée en lui souhaitant la bonne nuit, elle se retira avec toutes les femmes ; et la dernière qui sortit ferma la porte de la chambre.

A peine la porte de la chambre fut fermée que le génie, comme esclave fidèle de la lampe et exact à exécuter les ordres de ceux qui l'avaient à la main, sans donner le temps à l'époux de faire la moindre caresse à son épouse, enlève le lit avec l'époux et l'épouse, au grand étonnement de l'un et de l'autre, et en un instant le transporte dans la chambre d'Aladdin où il le pose.

Aladdin, qui attendait ce moment avec impatience, ne souffrit pas que le fils du grand-vizir demeurât couché avec la princesse. « Prends ce nouvel époux, dit-il au génie, enferme-le dans le privé, et reviens demain matin un peu après la pointe du jour. » Le génie enleva aussitôt le fils du grand-vizir hors du lit, en chemise, et le transporta dans le lieu qu'Aladdin lui avait dit, où il le laissa, après avoir jeté sur lui un souffle qu'il sentit depuis la tête jusqu'aux pieds, et qui l'empêcha de remuer de la place.

Quelque grande que fût la passion d'Aladdin pour la princesse Badroulboudour, il ne lui tint pas néanmoins un long discours lorsqu'il se vit seul avec elle. « Ne craignez rien, adorable princesse, lui dit-il d'un air tout passionné, vous êtes ici en sûreté ; et, quelque violent que soit l'amour que je ressens pour votre beauté et pour vos charmes, il ne me fera jamais sortir des bornes du profond respect que je vous dois. Si j'ai été forcé, ajouta-t-il, d'en venir à cette extrémité, ce n'a pas été dans la vue de vous offenser, mais pour empêcher qu'un injuste rival ne vous possédât, contre la parole donnée par le sultan votre père en ma faveur. »

La princesse, qui ne savait rien de ces particularités, fit fort peu d'attention à tout ce qu'Aladdin lui put dire. Elle n'était nullement en état de lui répondre. La frayeur et l'étonnement où elle était d'une aventure si surprenante et si peu attendue l'avaient mise dans un tel état qu'Aladdin n'en put tirer aucune parole. Aladdin n'en demeura pas là : il prit le parti de se déshabiller, et il se coucha à la place du fils du grand-vizir, le dos tourné du côté de la princesse, après avoir eu la précaution de mettre un sabre entre la princesse et lui, pour marquer qu'il mériterait d'en être puni s'il attentait à son honneur.

Aladdin, content d'avoir ainsi privé son rival du bonheur dont il s'était flatté de jouir cette nuit-là, dormit assez tranquillement. Il n'en fut pas de même de la princesse Badroulboudour : de sa vie il ne lui était arrivé de passer une nuit aussi fâcheuse et aussi désagréable que celle-là ; et, si l'on veut bien faire réflexion au lieu et à l'état où le génie avait laissé le fils du grand-vizir, on jugera que ce nouvel époux la passa d'une manière beaucoup plus affligeante.

Le lendemain, Aladdin n'eut pas besoin de frotter la lampe pour appeler le génie. Il revint à l'heure qu'il lui avait marquée, et dans le temps qu'il achevait de s'habiller. *Me voici,* dit-il à Aladdin. *Qu'as-tu à me commander ?* – Va reprendre, lui dit Aladdin, le fils du grand-vizir où tu l'as mis ; viens le remettre dans ce lit, et reporte-le où tu l'as pris dans le palais du sultan. » Le génie alla relever le fils du grand-vizir de sentinelle, et Aladdin reprenait son sabre quand il reparut. Il mit le nouvel époux près de la princesse, et en un instant il reporta le lit nuptial dans la même chambre du palais du sultan d'où il l'avait apporté.

Il faut remarquer qu'en tout ceci le génie ne fut aperçu ni de la princesse, ni du fils du grand-vizir. Sa forme hideuse eût été capable de les faire mourir de frayeur. Ils n'entendirent même rien des discours entre Aladdin et lui, et ils ne s'aperçurent que de l'ébranlement du lit et de leur transport d'un lieu à un autre : c'était bien assez pour leur donner la frayeur qu'il est aisé d'imaginer.

Le génie ne venait que de poser le lit nuptial en sa place, quand le sultan, curieux d'apprendre comment la princesse sa fille avait passé la première nuit de ses noces, entra dans la chambre pour lui souhaiter le bonjour. Le fils du grand-vizir, morfondu du froid qu'il avait souffert toute la nuit, et qui n'avait pas encore eu le temps de se réchauffer, n'eut pas sitôt entendu qu'on ouvrait la porte qu'il se leva et passa dans une garde-robe où il s'était déshabillé le soir.

Le sultan approcha du lit de la princesse, la baisa entre les deux yeux, selon la coutume, en lui souhaitant le bonjour, et lui demanda en souriant comment elle se trouvait de la nuit passée ; mais, en relevant la tête et en la regardant avec plus d'attention, il fut extrêmement surpris de la voir dans une grande mélancolie, et de ce qu'elle ne lui marquait, ni par la rougeur qui eût pu lui monter au visage, ni par aucun autre signe, ce qui eût pu satisfaire sa curiosité. Elle lui jeta seulement un regard des plus tristes, d'une manière qui marquait une grande affliction ou un grand mécontentement. Il lui dit encore quelques paroles ; mais, comme il vit qu'il n'en pouvait tirer d'elle, il s'imagina qu'elle le faisait par pudeur, et il se retira. Il ne laissa pas néanmoins de soupçonner qu'il y avait quelque chose d'extraordinaire dans son silence ; ce qui l'obligea d'aller sur-le-champ à l'appartement de la sultane, à qui il fit le récit de l'état où il avait trouvé la princesse et de la réception qu'elle lui avait faite. « Sire, lui dit la sultane, cela ne doit pas surprendre Votre Majesté : il n'y a pas de nouvelle mariée qui n'ait la même retenue le lendemain de ses noces. Ce ne sera pas la même chose dans deux ou trois jours : alors, elle recevra le sultan son père comme elle le doit. Je vais la voir, ajouta-t-elle, et je suis bien trompée si elle me fait le même accueil. »

Quand la sultane fut habillée, elle se rendit à l'appartement de la princesse, qui n'était pas encore levée : elle s'approcha de son lit, et elle lui donna le bonjour en l'embrassant ; mais sa surprise fut des plus grandes, non seulement de ce qu'elle ne lui répondit rien, mais même de ce qu'en la regardant elle s'aperçut qu'elle était dans un grand abattement, qui lui fit juger qu'il lui était arrivé quelque chose qu'elle ne pénétrait pas. « Ma fille, lui dit la sultane, d'où vient que vous répondez si mal aux caresses que je vous fais ? Est-ce avec votre mère que vous devez faire toutes ces façons ? Et doutez-vous que je ne sois pas instruite de ce qui peut arriver dans une pareille circonstance que celle où vous êtes ? Je veux bien croire que vous n'avez pas cette pensée ; il faut donc qu'il vous soit arrivé quelque autre chose ; avouez-le-moi franchement, et ne me laissez pas plus longtemps dans une inquiétude qui m'accable. »

La princesse Badroulboudour rompit enfin le silence par un grand soupir. « Ah ! Madame et très honorée mère, s'écria-t-elle, pardonnez-moi si j'ai manqué au respect que je vous dois ! J'ai l'esprit si fortement occupé des choses extraordinaires qui me sont arrivées cette nuit que je ne suis pas encore bien revenue de mon étonnement ni de mes frayeurs, et que j'ai même de la peine à me reconnaître moi-même. » Alors elle lui raconta avec les couleurs les plus vives de quelle manière, un instant après qu'elle et son époux furent couchés, le lit avait été enlevé et transporté en un moment dans une chambre malpropre et obscure, où elle s'était vue seule et séparée de son époux, sans savoir ce qu'il était devenu, et où elle avait vu un jeune homme, lequel, après lui avoir dit quelques paroles que la frayeur l'avait empêchée d'entendre, s'était couché avec elle à la place de son époux, après avoir mis son sabre entre elle et lui, et que le matin son époux lui avait été rendu et le lit rapporté en sa place en aussi peu de temps. « Tout cela ne venait que d'être fait, ajouta-t-elle, quand le sultan mon père est entré dans ma chambre ; j'étais si accablée de tristesse que je n'ai pas eu la force de lui répondre une seule parole : aussi je ne doute pas qu'il ne soit indigné de la manière dont j'ai reçu l'honneur qu'il m'a fait ; mais j'espère qu'il me pardonnera quand il saura ma triste aventure et l'état pitoyable où je me trouve encore en ce moment. »

La sultane écouta fort tranquillement tout ce que la princesse voulut bien lui raconter ; mais elle ne voulut pas y ajouter foi. « Ma fille, lui dit-elle, vous avez bien fait de ne point parler de cela au sultan votre père. Gardez-vous bien d'en rien dire à personne : on vous prendrait pour une folle, si on vous entendait parler de la sorte. – Madame, reprit la princesse, je puis vous assurer que je vous parle de bon sens ; vous pourrez vous en informer à mon époux, il vous dira la même chose. – Je m'en informerai, repartit la sultane ; mais, quand il m'en parlerait comme vous, je n'en serais pas plus persuadée que je le suis. Levez-vous cependant, et ôtez-vous cette imagination de l'esprit ; il ferait beau voir que vous troublassiez par une pareille vision les fêtes ordonnées pour vos noces, et qui doivent se continuer plusieurs jours dans ce palais et dans tout le royaume ! N'entendez-vous pas déjà les fanfares et les concerts de trompettes, de timbales et de tambours ? Tout cela vous doit inspirer la joie et le plaisir, et vous faire oublier toutes les fantaisies dont vous venez de me parler. » En même temps la sultane appela les femmes de la princesse ; et, après qu'elle l'eut fait lever et qu'elle l'eut vue se mettre à sa toilette, elle alla à l'appartement du sultan ; elle lui dit que quelque fantaisie avait passé véritablement par la tête de sa fille, mais que ce n'était rien. Elle fit appeler le fils du vizir, pour savoir de lui quelque chose de ce que la princesse lui avait dit ; mais le fils du vizir, qui s'estimait infiniment honoré de l'alliance du sultan, avait pris le parti de dissimuler. « Mon gendre, lui dit la sultane, dites-moi, êtes-vous dans le même entêtement que votre épouse ? – Madame, reprit le fils du vizir, oserais-je vous demander à quel sujet vous me faites cette demande ? – Cela suffit, repartit la sultane ; je n'en veux pas savoir davantage : vous êtes plus sage qu'elle. »

Les réjouissances continuèrent toute la journée dans le palais ; et la sultane, qui n'abandonna pas la princesse, n'oublia rien pour lui inspirer la joie et pour lui faire prendre part aux divertissements qu'on lui donnait par différentes sortes de spectacles ; mais elle était tellement frappée des idées de ce qui lui était arrivé la nuit qu'il était aisé de voir qu'elle en était tout occupée. Le fils du grand-vizir n'était pas moins accablé de la mauvaise nuit qu'il avait passée ; mais son ambition le fit dissimuler, et, à le voir, personne ne douta qu'il ne fût un époux très heureux.

Aladdin, qui était bien informé de ce qui se passait au palais, ne douta pas que les nouveaux mariés ne dussent coucher encore ensemble, malgré la fâcheuse aventure qui leur était arrivée la nuit d'auparavant. Aladdin n'avait point envie de les laisser en repos. Ainsi, dès que la nuit fut un peu avancée, il eut recours à la lampe. Aussitôt le génie parut, et fit à Aladdin le même compliment que les autres fois, en lui offrant son service. « Le fils du grand-vizir et la princesse Badroulboudour, lui dit Aladdin, doivent coucher encore ensemble cette nuit ; va, et, du moment qu'ils seront couchés, apporte-moi le lit ici, comme hier. »

Le génie servit Aladdin avec autant de fidélité et d'exactitude que le jour de devant. Le fils du grand-vizir passa la nuit aussi froidement et aussi désagréablement qu'il l'avait déjà fait, et la princesse eut la même mortification d'avoir Aladdin pour compagnon de sa couche, le sabre posé entre elle et lui. Le génie, suivant les ordres d'Aladdin, revint le lendemain, remit l'époux auprès de son épouse, enleva le lit avec les nouveaux mariés, et le reporta dans la chambre du palais où il l'avait pris.

Le sultan, après la réception que la princesse Badroulboudour lui avait faite le jour précédent, inquiet de savoir comment elle aurait passé la seconde nuit, et si elle lui ferait une réception pareille à celle qu'elle lui avait déjà faite, se rendit à sa chambre d'aussi bon matin pour en être éclairci. Le fils du grand-vizir, plus honteux et plus mortifié du mauvais succès de cette dernière nuit que de la première, à peine eut-il entendu venir le sultan qu'il se leva avec précipitation et se jeta dans la garde-robe.

Le sultan s'avança jusqu'au lit de la princesse en lui donnant le bonjour ; et, après lui avoir fait les mêmes caresses que le jour de devant : « Hé bien, ma fille, lui dit-il, êtes-vous ce matin d'aussi mauvaise humeur que vous étiez hier ? Me direz-vous comment vous avez passé la nuit ? » La princesse garda le même silence, et le sultan s'aperçut qu'elle avait l'esprit beaucoup moins tranquille, et qu'elle était plus abattue que la première fois. Il ne douta pas que quelque chose d'extraordinaire ne lui fût arrivé. Alors, irrité du mystère qu'elle lui en faisait : « Ma fille, lui dit-il tout en colère et le sabre à la main, ou vous me direz ce que vous me cachez, ou je vais vous couper la tête tout à l'heure. »

La princesse, plus effrayée du ton et de la menace du sultan offensé que de la vue du sabre nu, rompit enfin le silence. « Mon cher père et mon sultan, s'écria-t-elle les larmes aux yeux, je demande pardon à Votre Majesté si je l'ai offensée. J'espère de sa bonté et de sa clémence qu'elle fera succéder la compassion à la colère quand je lui aurai fait le récit fidèle du triste et pitoyable état où je me suis trouvée toute cette nuit et toute la nuit passée. »

Après ce préambule qui apaisa et qui attendrit un peu le sultan, elle lui raconta fidèlement tout ce qui lui était arrivé pendant ces deux fâcheuses nuits, mais d'une manière si touchante qu'il en fut vivement pénétré de douleur, par l'amour et par la tendresse qu'il avait pour elle. Elle finit par ces paroles : « Si Votre Majesté a le moindre doute sur le récit que je viens de lui faire, elle peut s'en informer de l'époux qu'elle m'a donné. Je suis bien persuadée qu'il rendra à la vérité le même témoignage que je lui rends. »

Le sultan entra tout de bon dans la peine extrême qu'une aventure aussi surprenante devait avoir causée à la princesse. Ma fille, lui dit-il, vous avez grand tort de ne vous être pas expliquée à moi dès hier sur une affaire aussi étrange que celle que vous venez de m'apprendre, dans laquelle je ne prends pas moins d'intérêt que vous-même. Je ne vous ai pas mariée dans l'intention de vous rendre malheureuse, mais plutôt dans la vue de vous rendre heureuse et contente, et de vous faire jouir de tout le bonheur que vous méritez et que vous pouviez espérer avec un époux qui m'avait paru vous convenir. Effacez de votre esprit les idées fâcheuses de tout ce que vous venez de me raconter. Je vais mettre ordre à ce qu'il ne vous arrive pas davantage des nuits aussi désagréables et aussi peu supportables que celles que vous avez passées. »

Dès que le sultan fut rentré dans son appartement, il envoya appeler son grand-vizir. « Vizir, lui dit-il, avez-vous vu votre fils, et ne vous a-t-il rien dit ? » Comme le grand-vizir lui eut répondu qu'il ne l'avait pas vu, le sultan lui fit le récit de tout ce que la princesse Badroulboudour venait de lui raconter. En achevant : « Je ne doute pas, ajouta-t-il, que ma fille ne m'ait dit la vérité ; je serai bien aise néanmoins d'en avoir la confirmation par le témoignage de votre fils : allez, et demandez-lui ce qui en est. »

Le grand-vizir ne différa pas d'aller joindre son fils ; il lui fit part de ce que le sultan venait de lui communiquer, et il lui enjoignit de ne lui point déguiser la vérité et de lui dire si tout cela était vrai. « Je ne vous la déguiserai pas, mon père, lui répondit le fils, tout ce que la princesse a dit au sultan est vrai ; mais elle n'a pu lui dire les mauvais traitements qui m'ont été faits en mon particulier ; les voici : depuis mon mariage, j'ai passé deux nuits les plus cruelles qu'on puisse imaginer, et je n'ai pas d'expressions pour vous décrire au juste et avec toutes leurs circonstances les maux que j'ai soufferts. Je ne vous parle pas de la frayeur que j'ai eue de me sentir enlever quatre fois dans mon lit, sans voir qui enlevait le lit et le transportait d'un lieu à un autre, et sans pouvoir imaginer comment cela s'est pu faire. Vous jugerez vous-même de l'état fâcheux où je me suis trouvé, lorsque je vous dirai que j'ai passé deux nuits debout et nu en chemise dans une espèce de privé étroit, sans avoir la liberté de remuer de la place où je fus posé, et sans pouvoir faire aucun mouvement, quoiqu'il ne parût devant moi aucun obstacle qui pût vraisemblablement m'en empêcher. Après cela, il n'est pas besoin de m'étendre plus au long pour vous faire le détail de mes souffrances. Je ne vous cacherai pas que cela ne m'a point empêché d'avoir pour la princesse mon épouse tous les sentiments d'amour, de respect et de reconnaissance qu'elle mérite ; mais je vous avoue de bonne foi qu'avec tout l'honneur et tout l'éclat qui rejaillit sur moi d'avoir épousé la fille de mon souverain, j'aimerais mieux mourir que de vivre plus longtemps dans une si haute alliance, s'il faut essuyer des traitements aussi désagréables que ceux que j'ai déjà soufferts. Je ne doute point que la princesse ne soit dans les mêmes sentiments que moi ; et elle conviendra aisément que notre séparation n'est pas moins nécessaire pour son repos que pour le mien. Ainsi, mon père, je vous supplie, par la même tendresse qui vous a porté à me procurer un si grand honneur, de faire agréer au sultan que notre mariage soit déclaré nul. »

Quelque grande que fût l'ambition du grand-vizir de voir son fils gendre du sultan, la ferme résolution néanmoins où il le vit de se séparer de la princesse fit qu'il ne jugea pas à propos de lui proposer d'avoir encore patience au moins quelques jours pour éprouver si cette traverse ne finirait point. Il le laissa, et il revint rendre réponse au sultan, à qui il avoua de bonne foi que la chose n'était que trop vraie après ce qu'il venait d'apprendre de son fils. Sans attendre même que le sultan lui parlât de rompre le mariage, à quoi il voyait bien qu'il n'était que trop disposé, il le supplia de permettre que son fils se retirât du palais, et qu'il retournât auprès de lui, en prenant pour prétexte qu'il n'était pas juste que la princesse fût exposée un moment davantage à une persécution si terrible pour l'amour de son fils.

Le grand-vizir n'eut pas de peine à obtenir ce qu'il demandait. Dès ce moment, le sultan, qui avait déjà résolu la chose, donna ses ordres pour faire cesser les réjouissances dans son palais et dans la ville, et même dans toute l'étendue de son royaume, où il fit expédier des ordres contraires aux premiers ; et en très peu de temps toutes les marques de joie et de réjouissances publiques cessèrent dans toute la ville et dans le royaume.

Ce changement subit et si peu attendu donna occasion à bien des raisonnements différents : on se demandait les uns aux autres d'où pouvait venir ce contretemps, et l'on n'en disait autre chose, sinon qu'on avait vu le grand-vizir sortir du palais et se retirer chez lui accompagné de son fils, l'un et l'autre avec un air fort triste. Il n'y avait qu'Aladdin qui en savait le secret, et qui se réjouissait en lui-même de l'heureux succès que l'usage de la lampe lui procurait. Ainsi, comme il eut appris avec certitude que son rival avait abandonné le palais et que le mariage entre la princesse et lui était rompu absolument, il n'eut pas besoin de frotter la lampe davantage et d'appeler le génie pour empêcher qu'il ne se consommât. Ce qu'il y a de particulier, c'est que ni le sultan, ni le grand-vizir, qui avaient oublié Aladdin et la demande qu'il avait fait faire, n'eurent pas la moindre pensée qu'il pût avoir part à l'enchantement qui venait de causer la dissolution du mariage de la princesse.

Aladdin cependant laissa écouler les trois mois que le sultan avait marqués pour le mariage d'entre la princesse Badroulboudour et lui ; il en avait compté tous les jours avec grand soin ; et, quand ils furent achevés, dès le lendemain il ne manqua pas d'envoyer sa mère au palais pour faire souvenir le sultan de sa parole.

La mère d'Aladdin alla au palais comme son fils lui avait dit, et elle se présenta à l'entrée du divan, au même endroit qu'auparavant. Le sultan n'eut pas plus tôt jeté la vue sur elle qu'il la reconnut et se souvint en même temps de la demande qu'elle lui avait faite, et du temps auquel il l'avait remise. Le grand-vizir lui faisait alors le rapport d'une affaire. « Vizir, lui dit le sultan en l'interrompant, j'aperçois la bonne femme qui nous fit un si beau présent il y a quelques mois ; faites-la venir ; vous reprendrez votre rapport quand je l'aurai écoutée. » Le grand-vizir, en jetant les yeux du côté de l'entrée du divan, aperçut aussi la mère d'Aladdin. Aussitôt il appela le chef des huissiers, et, en la lui montrant, il lui donna ordre de la faire avancer.

La mère d'Aladdin s'avança jusqu'au pied du trône, où elle se prosterna selon la coutume. Après qu'elle se fut relevée, le sultan lui demanda ce qu'elle souhaitait. « Sire, lui répondit-elle, je me présente encore devant le trône de Votre Majesté pour lui représenter, au nom d'Aladdin mon fils, que les trois mois après lesquels elle l'a remis sur la demande que j'ai eu l'honneur de lui faire sont expirés, et je la supplie de vouloir bien s'en souvenir. »

Le sultan, en prenant un délai de trois mois pour répondre à la demande de cette bonne femme la première fois qu'il l'avait vue, avait cru qu'il n'entendrait plus parler d'un mariage qu'il regardait comme peu convenable à la princesse sa fille, à regarder seulement la bassesse et la pauvreté de la mère d'Aladdin, qui paraissait devant lui dans un habillement fort commun. La sommation cependant qu'elle venait de lui faire de tenir sa parole lui parut embarrassante : il ne jugea pas à propos de lui répondre sur-le-champ ; il consulta son grand-vizir, et lui marqua la répugnance qu'il avait à conclure le mariage de la princesse avec un inconnu, dont il supposait que la fortune devait être beaucoup au-dessous de la plus médiocre.

Le grand-vizir n'hésita pas à s'expliquer au sultan sur ce qu'il en pensait. « Sire, lui dit-il, il me semble qu'il y a un moyen immanquable pour éluder un mariage si disproportionné, sans qu'Aladdin, quand même il serait connu de Votre Majesté, puisse s'en plaindre : c'est de mettre la princesse à un si haut prix que ses richesses, quelles qu'elles puissent être, ne puissent y fournir. Ce sera le moyen de le faire désister d'une poursuite si hardie, pour ne pas dire si téméraire, à laquelle sans doute il n'a pas bien pensé avant de s'y engager. »

Le sultan approuva le conseil du grand-vizir. Il se tourna

du côté de la mère d'Aladdin ; et, après quelques moments de réflexion : « Ma bonne femme, lui dit-il, les sultans doivent tenir leur parole ; je suis prêt de tenir la mienne, et de rendre votre fils heureux par le mariage de la princesse ma fille ; mais, comme je ne puis la marier que je ne sache l'avantage qu'elle y trouvera, vous direz à votre fils que j'accomplirai ma parole dès qu'il m'aura envoyé quarante grands bassins d'or massif, pleins à comble des mêmes choses que vous m'avez déjà présentées de sa part, portés par un pareil nombre d'esclaves noirs, qui seront conduits par quarante autres esclaves blancs, jeunes, bien faits et de belle taille, et tous habillés très magnifiquement : voilà les conditions auxquelles je suis prêt de lui donner la princesse ma fille. Allez, bonne femme, j'attendrai que vous m'apportiez sa réponse. »

La mère d'Aladdin se prosterna encore devant le trône du sultan, et elle se retira. Dans le chemin, elle riait en elle-même de la folle imagination de son fils. « Vraiment, disait-elle, où trouvera-t-il tant de bassins d'or et une si grande quantité de ces verres colorés pour les remplir ? Retournera-t-il dans le souterrain dont l'entrée est bouchée, pour en cueillir aux arbres ? Et tous ces esclaves tournés comme le sultan les demande, où les prendra-t-il ? Le voilà bien éloigné de sa prétention ; et je crois qu'il ne sera guère content de mon ambassade. » Quand elle fut rentrée chez elle, l'esprit rempli de toutes ces pensées, qui lui faisaient croire qu'Aladdin n'avait plus rien à espérer : « Mon fils, lui dit-elle, je vous conseille de ne plus penser au mariage de la princesse Badroulboudour. Le sultan, à la vérité, m'a reçue avec beaucoup de bonté, et je crois qu'il était bien intentionné pour vous ; mais le grand-vizir, si je ne me trompe, lui a fait changer de sentiment, et vous pouvez le présumer comme moi sur ce que vous allez entendre. Après avoir représenté à Sa Majesté que les trois mois étaient expirés, et que je le priais de votre part de se souvenir de sa promesse, je remarquai qu'il ne me fit la réponse que je vais vous dire qu'après avoir parlé bas quelque temps avec le grand-vizir. » La mère d'Aladdin fit un récit très exact à son fils de tout ce que le sultan lui avait dit, et des conditions auxquelles il consentirait au mariage de la princesse sa fille avec lui. En finissant :

« Mon fils, lui dit-elle, il attend votre réponse ; mais, entre nous, continua-t-elle en souriant, je crois qu'il attendra longtemps.

– Pas si longtemps que vous croiriez bien, ma mère, reprit Aladdin ; et le sultan se trompe lui-même s'il a cru, par ses demandes exorbitantes, me mettre hors d'état de songer à la princesse Badroulboudour. Je m'attendais à d'autres difficultés insurmontables, ou qu'il mettrait mon incomparable princesse à un prix beaucoup plus haut ; mais à présent je suis content, et ce qu'il me demande est peu de chose en comparaison de ce que je serais en état de lui donner pour en obtenir la possession. Pendant que je vais songer à le satisfaire, allez nous chercher de quoi dîner et laissez-moi faire. »

Dès que la mère d'Aladdin fut sortie pour aller à la provision, Aladdin prit la lampe et il la frotta : dans l'instant le génie se présenta devant lui, et, dans les mêmes termes que nous avons déjà rapportés, il lui demanda ce qu'il avait à lui commander, en marquant qu'il était prêt à le servir. Aladdin lui dit : « Le sultan me donne la princesse sa fille en mariage ; mais auparavant il me demande quarante grands bassins d'or massif et bien pesants, pleins à comble des fruits du jardin où j'ai pris la lampe dont tu es esclave. Il exige aussi de moi que ces quarante bassins d'or soient portés par autant d'esclaves noirs, précédés par quarante esclaves blancs, jeunes, bien faits, de belle taille et habillés très richement. Va, et amène-moi ce présent au plus tôt, afin que je l'envoie au sultan avant qu'il lève la séance du divan. » Le génie lui dit que son commandement allait être exécuté incessamment, et il disparut.

Très peu de temps après, le génie se fit revoir accompagné des quarante esclaves noirs, chacun chargé d'un bassin d'or massif du poids de vingt marcs sur la tête, pleins de perles, de diamants, de rubis et d'émeraudes mieux choisies, même pour la beauté et pour la grosseur, que celles qui avaient déjà été présentées au sultan ; chaque bassin était couvert d'une toile d'argent à fleurons d'or. Tous ces esclaves, tant noirs que blancs, avec les plats d'or, occupaient presque toute la maison, qui était assez médiocre, avec une petite cour sur le devant et un petit jardin sur le derrière. Le génie demanda à Aladdin s'il était content, et s'il avait encore quelque autre commandement à lui faire. Aladdin lui dit qu'il ne lui demandait rien davantage, et il disparut aussitôt.

La mère d'Aladdin revint du marché ; et en entrant elle fut dans une grande surprise de voir tant de monde et tant de richesses. Quand elle se fut déchargée des provisions qu'elle apportait, elle voulut ôter le voile qui lui couvrait le visage ; mais Aladdin l'en empêcha. « Ma mère, dit-il, il n'y a pas de temps à perdre : avant que le sultan achève de tenir le divan, il est important que vous retourniez au palais, et que vous y conduisiez incessamment le présent et la dot de la princesse Badroulboudour qu'il m'a demandés, afin qu'il juge, par ma diligence et par mon exactitude, du zèle ardent et sincère que j'ai de me procurer l'honneur d'entrer dans son alliance. »

Sans attendre la réponse de sa mère, Aladdin ouvrit la porte sur la rue, et il fit défiler successivement tous ces esclaves, en faisant toujours marcher un esclave blanc suivi d'un esclave noir, chargé d'un bassin d'or sur la tête, et ainsi jusqu'au dernier, et, après que sa mère fut sortie en suivant le dernier esclave noir, il ferma la porte, et il demeura tranquillement dans sa chambre, avec l'espérance que le sultan, après ce présent tel qu'il l'avait demandé, voudrait bien le recevoir enfin pour son gendre.

Le premier esclave blanc qui était sorti de la maison d'Aladdin avait fait arrêter tous les passants qui l'aperçurent, et, avant que les quatre-vingts esclaves, entremêlés de blancs et de noirs, eussent achevé de sortir, la rue se trouva pleine d'une grande foule de peuple qui accourait de toutes parts pour voir un spectacle si magnifique et si extraordinaire. L'habillement de chaque esclave était si riche en étoffes et en pierreries que les meilleurs connaisseurs ne crurent pas se tromper en faisant monter chaque habit à plus d'un million. La grande propreté, l'ajustement bien entendu de chaque habillement, la bonne grâce, le bel air, la taille uniforme et avantageuse de chaque esclave, leur marche grave à une distance égale les uns des autres, avec l'éclat des pierreries d'une grosseur excessive enchâssées autour de leurs ceintures d'or massif dans une belle symétrie, et les enseignes aussi de pierreries attachées à leurs bonnets qui étaient d'un goût tout particulier, mirent toute cette foule de spectateurs dans une admiration si grande qu'ils ne pouvaient se lasser de les regarder et de les conduire des yeux aussi loin qu'il leur était possible. Mais les rues étaient tellement bordées de peuple que chacun était contraint de rester dans la place où il se trouvait.

Comme il fallait passer par plusieurs rues pour arriver au palais, cela fit qu'une bonne partie de la ville, gens de toutes sortes d'états et de conditions, furent témoins d'une pompe si ravissante. Le premier des quatre-vingts esclaves arriva à la porte de la première cour du palais ; et les portiers, qui s'étaient mis en haie dès qu'ils s'étaient aperçus que cette file merveilleuse approchait, le prirent pour un roi, tant il était richement et magnifiquement habillé ; ils s'avancèrent pour lui baiser le bas de la robe ; mais l'esclave, instruit par le génie, les arrêta, et il leur dit gravement : « Nous ne sommes que des esclaves ; notre maître paraîtra quand il en sera temps. »

Le premier esclave, suivi de tous les autres, avança jusqu'à la seconde cour, qui était très spacieuse, et où la maison du sultan était rangée pendant la séance du divan. Les officiers, à la tête de chaque troupe, étaient d'une grande magnificence ; mais elle fut effacée à la présence des quatre-vingts esclaves porteurs du présent d'Aladdin et qui en faisaient eux-mêmes partie. Rien ne parut si beau ni si épatant dans toute la maison du sultan ; et tout le brillant des seigneurs de sa cour qui l'environnaient n'était rien en comparaison de ce qui se présentait alors à la vue.

Comme le sultan avait été averti de la marche et de l'arrivée de ces esclaves, il avait donné ses ordres pour les faire entrer. Ainsi, dès qu'ils se présentèrent, ils trouvèrent l'entrée du divan libre, et ils y entrèrent dans un bel ordre, une partie à droite, et l'autre à gauche. Après qu'ils furent tous entrés et qu'ils eurent formé un grand demi-cercle devant le trône du sultan, les esclaves noirs posèrent chacun le bassin qu'ils portaient sur le tapis de pied. Ils se prosternèrent tous ensemble en frappant du front contre le tapis. Les esclaves blancs firent la même chose en même temps. Ils se relevèrent tous ; et les noirs, en le faisant, découvrirent adroitement les bassins qui étaient devant eux, et tous demeurèrent debout, les mains croisées sur la poitrine, avec une grande modestie.

La mère d'Aladdin, qui cependant s'était avancée jusqu'au pied du trône, dit au sultan, après s'être prosternée : « Sire, Aladdin mon fils n'ignore pas que ce présent qu'il envoie à Votre Majesté ne soit beaucoup au-dessous de ce que mérite la princesse Badroulboudour ; il espère néanmoins que Votre Majesté l'aura pour agréable, et qu'elle voudra bien le faire agréer aussi à la princesse, avec d'autant plus de confiance qu'il a tâché de se conformer à la condition qu'il lui a plu de lui imposer. »

Le sultan n'était pas en état de faire attention au compliment de la mère d'Aladdin. Le premier coup d'œil jeté sur les quarante bassins d'or, pleins à comble des joyaux les plus brillants, les plus épatants, les plus précieux que l'on eût jamais vus au monde, et sur les quatre-vingts esclaves qui paraissaient autant de rois, tant par leur bonne mine que par la richesse et la magnificence surprenante de leur habillement, l'avait tellement frappé qu'il ne pouvait revenir de son admiration. Au lieu de répondre au compliment de la mère d'Aladdin, il s'adressa au grand-vizir, qui ne pouvait comprendre lui-même d'où une si grande profusion de richesses pouvait être venue. « Hé bien, vizir, dit-il publiquement, que pensez-vous de celui, quel qu'il puisse être, qui m'envoie un présent si riche et si extraordinaire, et que ni moi ni vous ne connaissons ? Le croyez-vous indigne d'épouser la princesse Badroulboudour, ma fille ? »

Quelque jalousie et quelque douleur qu'eût le grand-vizir de voir qu'un inconnu allait devenir le gendre du sultan préférablement à son fils, il n'osa néanmoins dissimuler son sentiment. Il était trop visible que le présent d'Aladdin était plus que suffisant pour mériter qu'il fût reçu dans une si haute alliance. Il répondit donc au sultan, et, en entrant dans son sentiment : « Sire, dit-il, bien loin d'avoir la pensée que celui qui fait à Votre Majesté un présent si digne d'elle soit indigne de l'honneur qu'elle veut lui faire, j'oserais dire qu'il mériterait davantage, si je n'étais persuadé qu'il n'y a pas de trésor au monde assez riche pour être mis dans la balance avec la princesse fille de Votre Majesté. » Les seigneurs de la cour qui étaient de la séance du conseil témoignèrent par leurs applaudissements que leurs avis n'étaient pas différents de celui du grand-vizir.

Le sultan ne différa plus ; il ne pensa pas même à s'informer si Aladdin avait les autres qualités convenables à celui qui pouvait aspirer à devenir son gendre. La seule vue de tant de richesses immenses et la diligence avec laquelle Aladdin venait de satisfaire à sa demande, sans avoir formé la moindre difficulté sur des conditions aussi exorbitantes que celles qu'il lui avait imposées, lui persuadèrent aisément qu'il ne lui manquait rien de tout ce qui pouvait le rendre accompli et tel qu'il le désirait. Ainsi, pour renvoyer la mère d'Aladdin avec la satisfaction qu'elle pouvait désirer, il lui dit : « Bonne femme, allez dire à votre fils que je l'attends pour le recevoir à bras ouverts et pour l'embrasser, et que plus il fera de diligence pour venir recevoir de ma main le don que je lui fais de la princesse ma fille, plus il me fera de plaisir. »

Dès que la mère d'Aladdin se fut retirée avec la joie dont une femme de sa condition peut être capable en voyant son fils parvenu à une si haute élévation contre son attente, le sultan mit fin à l'audience de ce jour ; et, en se levant de son trône, il ordonna que les eunuques attachés au service de la princesse vinssent enlever les bassins pour les porter à l'appartement de leur maîtresse, où il se rendit pour les examiner avec elle à loisir ; et cet ordre fut exécuté sur-le-champ par les soins du chef des eunuques.

Les quatre-vingts esclaves blancs et noirs ne furent pas oubliés : on les fit entrer dans l'intérieur du palais ; et, quelque temps après, le sultan, qui venait de parler de leur magnificence à la princesse Badroulboudour, commanda qu'on les fît venir devant l'appartement, afin qu'elle les considérât au travers des jalousies et qu'elle connût que, bien loin d'avoir rien exagéré dans le récit qu'il venait de lui faire, il lui en avait dit beaucoup moins que ce qui en était.

La mère d'Aladdin cependant arriva chez elle avec un air qui marquait par avance la bonne nouvelle qu'elle apportait à son fils. « Mon fils, lui dit-elle, vous avez tout sujet d'être content : vous êtes arrivé à l'accomplissement de vos souhaits contre mon attente, et vous savez ce que je vous en avais dit.

Afin de ne vous pas tenir trop longtemps en suspens, le sultan, avec l'applaudissement de toute sa cour, a déclaré que vous êtes digne de posséder la princesse Badroulboudour. Il vous attend pour vous embrasser et pour conclure votre mariage. C'est à vous de songer aux préparatifs pour cette entrevue, afin qu'elle réponde à la haute opinion qu'il a conçue de votre personne ; mais, après ce que j'ai vu des merveilles que vous savez faire, je suis persuadée que rien n'y manquera. Je ne dois pas oublier de vous dire encore que le sultan vous attend avec impatience ; ainsi ne perdez pas de temps à vous rendre auprès de lui. »

Aladdin, charmé de cette nouvelle et tout plein de l'objet qui l'avait enchanté, dit peu de paroles à sa mère, et se retira dans sa chambre. Là, après avoir pris la lampe qui lui avait été si officieuse jusqu'alors en tous ses besoins et en tout ce qu'il avait souhaité, il ne l'eut pas plus tôt frottée que le génie continua de marquer son obéissance en paraissant d'abord sans se faire attendre. « Génie, lui dit Aladdin, je t'ai appelé pour me faire prendre le bain tout à l'heure ; et, quand je l'aurai pris, je veux que tu me tiennes prêt un habillement le plus riche et le plus magnifique que jamais monarque ait porté. » Il eut à peine achevé de parler que le génie, en le rendant invisible comme lui, l'enleva et le transporta dans un bain tout du marbre le plus fin et de différentes couleurs les plus belles et les plus diversifiées. Sans voir qui le servait, il fut déshabillé dans un salon spacieux et d'une grande propreté. Du salon, on le fit entrer dans le bain, qui était d'une chaleur modérée ; et là, il fut frotté et lavé avec plusieurs sortes d'eaux de senteur. Après l'avoir fait passer par tous les degrés de chaleur, selon les différentes pièces du bain, il en sortit, mais tout autre que quand il y était entré : son teint se trouva frais, blanc, vermeil, et son corps beaucoup plus léger et plus dispos. Il rentra dans le salon, et il ne trouva plus l'habit qu'il y avait laissé : le génie avait eu soin de mettre en sa place celui qu'il lui avait demandé. Aladdin fut surpris en voyant la magnificence de l'habit qu'on lui avait substitué. Il s'habilla avec l'aide du génie, en admirant chaque pièce à mesure qu'il la prenait, tant elles étaient toutes au-delà de ce qu'il aurait pu s'imaginer. Quand il eut achevé, le génie le reporta chez lui dans la même chambre où il l'avait pris. Alors il lui demanda s'il avait autre chose à lui commander. « Oui, répondit Aladdin ; j'attends de toi que tu m'amènes au plus tôt un cheval qui surpasse en beauté et en bonté le cheval le plus estimé qui soit dans l'écurie du sultan, dont la housse, la selle, la bride et tout le harnais vaillent plus d'un million. Je demande aussi que tu me fasses venir en même temps vingt esclaves, habillés aussi richement et aussi lestement que ceux qui ont apporté le présent, pour marcher à mes côtés et à ma suite en troupe, et vingt autres semblables pour marcher devant moi en deux files. Fais venir aussi à ma mère six femmes esclaves pour la servir, chacune habillée aussi richement au moins que les femmes esclaves de la princesse Badroulboudour, et chargées chacune d'un habit complet aussi magnifique et aussi pompeux que pour la sultane. J'ai besoin aussi de dix mille pièces d'or en dix bourses. Voilà, ajouta-t-il, ce que j'avais à te commander. Va, et fais diligence. »

Dès qu'Aladdin eut achevé de donner ses ordres au génie, le génie disparut, et bientôt après il se fit revoir avec le cheval, avec les quarante esclaves, dont dix portaient chacun une bourse de mille pièces d'or, et avec six femmes esclaves, chargées sur la tête chacune d'un habit différent pour la mère d'Aladdin, enveloppé dans une toile d'argent, et le génie présenta le tout à Aladdin.

Des dix bourses, Aladdin n'en prit que quatre qu'il donna à sa mère, en lui disant que c'était pour s'en servir dans ses besoins. Il laissa les six autres entre les mains des esclaves qui les portaient, avec ordre de les garder, et de les jeter au peuple par poignées en passant par les rues, dans la marche qu'ils devaient faire pour se rendre au palais du sultan. Il ordonna aussi qu'ils marcheraient devant lui avec les autres, trois à droite et trois à gauche. Il présenta enfin à sa mère les six femmes esclaves, en lui disant qu'elles étaient à elle, et qu'elle pouvait s'en servir comme leur maîtresse, et que les habits qu'elles avaient apportés étaient pour son usage.

Quand Aladdin eut disposé toutes ses affaires, il dit au génie, en le congédiant, qu'il l'appellerait quand il aurait besoin de son service, et le génie disparut aussitôt. Alors

Aladdin ne songea plus qu'à répondre au plus tôt au désir que le sultan avait témoigné de le voir. Il dépêcha au palais un des quarante esclaves, je ne dirai pas le mieux fait, ils l'étaient tous également, avec ordre de s'adresser au chef des huissiers, et de lui demander quand il pourrait avoir l'honneur d'aller se jeter aux pieds du sultan. L'esclave ne fut pas longtemps à s'acquitter de son message : il apporta pour réponse que le sultan l'attendait avec impatience.

Aladdin ne différa pas de monter à cheval et de se mettre en marche dans l'ordre que nous avons marqué. Quoique jamais il n'eût monté à cheval, il y parut néanmoins pour la première fois avec tant de bonne grâce que le cavalier le plus expérimenté ne l'eût pas pris pour un novice. Les rues par où il passa furent remplies presque en un moment d'une foule innombrable de peuple, qui faisait retentir l'air d'acclamations, de cris d'admiration et de bénédictions, chaque fois particulièrement que les six esclaves qui avaient les bourses faisaient voler des poignées de pièces d'or en l'air à droite et à gauche. Ces acclamations néanmoins ne venaient pas de la part de ceux qui se poussaient et qui se baissaient pour ramasser de ces pièces, mais de ceux qui, d'un rang au-dessus du menu peuple, ne pouvaient s'empêcher de donner publiquement à la libéralité d'Aladdin les louanges qu'elle méritait. Non seulement ceux qui se souvenaient de l'avoir vu jouer dans les rues dans un âge déjà avancé, comme vagabond, ne le reconnaissaient plus ; ceux mêmes qui l'avaient vu il n'y avait pas longtemps avaient de la peine à le remettre, tant il avait les traits changés. Cela venait de ce que la lampe avait cette propriété de procurer par degrés à ceux qui la possédaient les perfections convenables à l'état auquel ils parvenaient par le bon usage qu'ils en faisaient. On fit alors beaucoup plus d'attention à la personne d'Aladdin qu'à la pompe qui l'accompagnait, que la plupart avaient déjà remarquée le même jour dans la marche des esclaves qui avaient porté ou accompagné le présent. Le cheval néanmoins fut admiré par les bons connaisseurs, qui surent en distinguer la beauté, sans se laisser éblouir ni par la richesse ni par le brillant des diamants et des autres pierreries dont il était couvert. Comme le bruit s'était répandu que le sultan lui donnait la princesse Badroulboudour en mariage, personne, sans avoir égard à sa naissance, ne porta envie à sa fortune ni à son élévation, tant il en parut digne.

Aladdin arriva au palais, où tout était disposé pour l'y recevoir. Quand il fut à la seconde porte, il voulut mettre pied à terre pour se conformer à l'usage observé par le grand-vizir, par les généraux d'armées et les gouverneurs de provinces du premier rang ; mais le chef des huissiers, qui l'y attendait par ordre du sultan, l'en empêcha et l'accompagna jusque près de la salle du conseil ou de l'audience, où il l'aida à descendre de cheval, quoique Aladdin s'y opposât fortement et ne le voulût pas souffrir ; mais il n'en fut pas le maître. Cependant les huissiers faisaient une double haie à l'entrée de la salle. Leur chef mit Aladdin à sa droite, et, après l'avoir fait passer au milieu, il le conduisit jusqu'au trône du sultan.

Dès que le sultan eut aperçu Aladdin, il ne fut pas moins étonné de le voir vêtu plus richement et plus magnifiquement qu'il ne l'avait jamais été lui-même que surpris de sa bonne mine, de sa belle taille, et d'un certain air de grandeur fort éloigné de l'état de bassesse dans lequel sa mère avait paru devant lui. Son étonnement et sa surprise néanmoins ne l'empêchèrent pas de se lever, et de descendre deux ou trois marches de son trône assez promptement pour empêcher Aladdin de se jeter à ses pieds et pour l'embrasser avec une démonstration pleine d'amitié. Après cette civilité, Aladdin voulut encore se jeter aux pieds du sultan, mais le sultan le retint par la main et l'obligea de monter et de s'asseoir entre le vizir et lui.

Alors Aladdin prit la parole. « Sire, dit-il, je reçois les honneurs que Votre Majesté me fait, parce qu'elle a la bonté et qu'il lui plaît de me les faire ; mais elle me permettra de lui dire que je n'ai point oublié que je suis né son esclave, que je connais la grandeur de sa puissance, et que je n'ignore pas combien ma naissance me met au-dessous de la splendeur et de l'éclat du rang suprême où elle est élevée. S'il y a quelque endroit, continua-t-il, par où je puisse avoir mérité un accueil si favorable, j'avoue que je ne le dois qu'à la hardiesse, qu'un pur hasard m'a fait naître, d'élever mes yeux, mes pensées et mes désirs jusqu'à la divine princesse qui fait l'objet de mes souhaits. Je demande pardon à Votre Majesté de ma témérité ; mais je ne puis dissimuler que je mourrais de douleur si je perdais l'espérance d'en voir l'accomplissement.

– Mon fils, répondit le sultan en l'embrassant une seconde fois, vous me feriez tort de douter un seul moment de la sincérité de ma parole. Votre vie m'est trop chère désormais pour ne vous la pas conserver en vous présentant le remède qui est en ma disposition. Je préfère le plaisir de vous voir et de vous entendre à tous mes trésors joints avec les vôtres. »

En achevant ces paroles, le sultan fit un signal, et aussitôt on entendit l'air retentir du son des trompettes, des hautbois et des timbales, et en même temps le sultan conduisit Aladdin dans un magnifique salon où l'on servit un superbe festin. Le sultan mangea seul avec Aladdin. Le grand-vizir et les seigneurs de la cour, chacun selon leur dignité et selon leur rang, les accompagnèrent pendant le repas. Le sultan, qui avait toujours les yeux sur Aladdin, tant il prenait plaisir à le voir, fit tomber le discours sur plusieurs sujets différents. Dans la conversation qu'ils eurent ensemble pendant le repas, et sur quelque matière qu'il le mît, il parla avec tant de connaissance et de sagesse qu'il acheva de confirmer le sultan dans la bonne opinion qu'il avait conçue de lui d'abord.

Le repas achevé, le sultan fit appeler le premier juge de sa capitale, et lui commanda de dresser et de mettre au net sur-le-champ le contrat de mariage de la princesse Badroulboudour sa fille et d'Aladdin. Pendant ce temps-là, le sultan s'entretint avec Aladdin de plusieurs choses indifférentes, en présence du grand-vizir et des seigneurs de sa cour, qui admirèrent la solidité de son esprit, la grande facilité qu'il avait de parler et de s'énoncer, et les pensées fines et délicates dont il assaisonnait son discours.

Quand le juge eut achevé le contrat dans toutes les formes requises, le sultan demanda à Aladdin s'il voulait rester dans le palais pour terminer les cérémonies du mariage le même jour. « Sire, répondit Aladdin, quelque impatience que j'aie de jouir pleinement des bontés de Votre Majesté, je la supplie de vouloir bien permettre que je les diffère jusqu'à ce que j'aie fait bâtir un palais pour y recevoir la princesse selon son mérite et sa dignité. Je la prie, pour cet effet, de m'accorder une place convenable devant le sien, afin que je sois plus à portée de lui faire ma cour. Je n'oublierai rien pour faire en sorte qu'il soit achevé avec toute la diligence possible. – Mon fils, lui dit le sultan, prenez tout le terrain que vous jugerez à propos ; le vide est trop grand devant mon palais, et j'avais déjà songé moi-même à le remplir ; mais souvenez-vous que je ne puis assez tôt vous voir uni avec ma fille, pour mettre le comble à ma joie. » En achevant ces paroles, il embrassa encore Aladdin, qui prit congé du sultan avec la même politesse que s'il eût été élevé et qu'il eût toujours vécu à la cour.

Aladdin remonta à cheval, et il retourna chez lui dans le même ordre qu'il était venu, au travers de la même foule, et aux acclamations du peuple qui lui souhaitait toute sorte de bonheur et de prospérité. Dès qu'il fut rentré et qu'il eut mis pied à terre, il se retira dans sa chambre en particulier ; il prit la lampe, et il appela le génie comme il avait accoutumé. Le génie ne se fit pas attendre ; il parut, et il lui fit offre de ses services. « Génie, lui dit Aladdin, j'ai tout sujet de me louer de ton exactitude à exécuter ponctuellement tout ce que j'ai exigé de toi jusqu'à présent par la puissance de cette lampe ta maîtresse. Il s'agit aujourd'hui que pour l'amour d'elle tu fasses paraître, s'il est possible, plus de zèle et plus de diligence que tu n'as encore fait. Je te demande donc qu'en aussi peu de temps que tu le pourras tu me fasses bâtir, vis-à-vis du palais du sultan, à une juste distance, un palais digne d'y recevoir la princesse Badroulboudour mon épouse. Je laisse à ta liberté le choix des matériaux, c'est-à-dire du porphyre, du jaspe, de l'agate, du lapis et du marbre le plus fin, le plus varié en couleurs, et du reste de l'édifice ; mais j'entends qu'au plus haut de ce palais tu fasses élever un grand salon en dôme, à quatre faces égales, dont les assises ne soient d'autres matières que d'or et d'argent massif, posées alternativement, avec douze croisées, six à chaque face, et que les jalousies de chaque croisée, à la réserve d'une seule que je veux qu'on laisse imparfaite, soient enrichies, avec art et symétrie, de diamants, de rubis et d'émeraudes, de manière que rien de pareil en ce genre n'ait été vu dans le monde. Je veux aussi que ce palais soit accompagné d'une avant-cour, d'une cour, d'un jardin ; mais, sur toutes choses, qu'il y ait, dans un endroit que tu me diras, un trésor bien rempli d'or et d'argent monnayé. Je veux aussi qu'il y ait dans ce palais des cuisines, des offices, des magasins, des garde-meubles garnis de meubles précieux pour toutes les saisons, et proportionnés à la magnificence du palais ; des écuries remplies des plus beaux chevaux, avec leurs écuyers et leurs palefreniers, sans oublier un équipage de chasse. Il faut qu'il y ait aussi des officiers de cuisine et d'office, et des femmes esclaves, nécessaires pour le service de la princesse. Tu dois comprendre quelle est mon intention : va, et reviens quand cela sera fait. »

Le soleil venait de se coucher quand Aladdin acheva de charger le génie de la construction du palais qu'il avait imaginé. Le lendemain matin, à la petite pointe du jour, Aladdin, à qui l'amour de la princesse ne permettait point de dormir tranquillement, était à peine levé que le génie se présenta à lui. « Seigneur, dit-il, votre palais est achevé, venez voir si vous en êtes content. » Aladdin n'eut pas plus tôt témoigné qu'il le voulait bien que le génie l'y transporta en un instant. Aladdin le trouva si fort au-dessus de son attente qu'il ne pouvait assez l'admirer. Le génie le conduisit en tous les endroits ; et partout il ne trouva que richesses, que propreté et que magnificence, avec des officiers et des esclaves, tous habillés selon leur rang et selon les services auxquels ils étaient destinés. Il ne manqua pas, comme une des choses principales, de lui faire voir le trésor, dont la porte fut ouverte par le trésorier, et Aladdin y vit des tas de bourses de différentes grandeurs, selon les sommes qu'elles contenaient, élevés jusqu'à la voûte, et disposés dans un arrangement qui faisait plaisir à voir. En sortant, le génie l'assura de la fidélité du trésorier. Il le mena ensuite aux écuries ; et là, il lui fit remarquer les plus beaux chevaux qu'il y eût au monde, et les palefreniers dans un grand mouvement, occupés à les panser. Il le fit passer ensuite par des magasins remplis de toutes les provisions nécessaires, tant pour les ornements des chevaux que pour leur nourriture.

Quand Aladdin eut examiné tout le palais, d'appartement

en appartement et de pièce en pièce, depuis le haut jusqu'au bas, et particulièrement le salon à vingt-quatre croisées, et qu'il y eut trouvé des richesses et de la magnificence avec toutes sortes de commodités au-delà de ce qu'il s'en était promis, il dit au génie : « Génie, on ne peut être plus content que je le suis, et j'aurais tort de me plaindre. Il reste une seule chose dont je ne t'ai rien dit parce que je ne m'en étais pas avisé : c'est d'étendre, depuis la porte du palais du sultan jusqu'à la porte de l'appartement destiné pour la princesse dans ce palais-ci, un tapis du plus beau velours, afin qu'elle marche dessus en venant du palais du sultan. – Je reviens dans un moment », dit le génie. Et, comme il eut disparu, peu de temps après Aladdin fut étonné de voir ce qu'il avait souhaité exécuté sans savoir comment cela s'était fait. Le génie reparut, et il porta Aladdin chez lui dans le temps qu'on ouvrait la porte du palais du sultan.

Les portiers du palais, qui venaient d'ouvrir la porte, et qui avaient toujours eu la vue libre du côté où était alors celui d'Aladdin, furent fort étonnés de la voir bornée, et de voir un tapis de velours qui venait de ce côté-là jusqu'à la porte de celui du sultan. Ils ne distinguèrent pas bien d'abord ce que c'était ; mais leur surprise augmenta quand ils eurent aperçu distinctement le superbe palais d'Aladdin. La nouvelle d'une merveille si surprenante fut répandue dans tout le palais en très peu de temps. Le grand-vizir, qui était arrivé presque à l'ouverture de la porte du palais, n'avait pas été moins surpris de cette nouveauté que les autres ; il en fit part au sultan le premier, mais il voulut lui faire passer la chose pour un enchantement. « Vizir, reprit le sultan, pourquoi voulez-vous que ce soit un enchantement ? Vous savez aussi bien que moi que c'est le palais qu'Aladdin a fait bâtir par la permission que je lui en ai donnée en votre présence, pour loger la princesse ma fille. Après l'échantillon de ses richesses que nous avons vu, pouvons-nous trouver étrange qu'il ait fait bâtir ce palais en si peu de temps ? Il a voulu nous surprendre et nous faire voir qu'avec de l'argent comptant on peut faire de ces miracles d'un jour à un autre. Avouez avec moi que l'enchantement dont vous avez voulu parler vient d'un peu de jalousie. » L'heure d'entrer au conseil l'empêcha de continuer ce discours plus longtemps.

Quand Aladdin eut été reporté chez lui et qu'il eut congédié le génie, il trouva que sa mère était levée et qu'elle commençait à se parer d'un des habits qu'il lui avait fait apporter. A peu près vers le temps que le sultan venait de sortir du conseil, Aladdin disposa sa mère à aller au palais avec les mêmes femmes esclaves qui lui étaient venues par le ministère du génie. Il la pria, si elle voyait le sultan, de lui marquer qu'elle venait pour avoir l'honneur d'accompagner la princesse vers le soir, quand elle serait en état de passer à son palais. Elle partit ; mais, quoiqu'elle et ses femmes esclaves qui la suivaient fussent habillées en sultanes, la foule néanmoins fut d'autant moins grande à les voir passer qu'elles étaient voilées, et qu'un surtout convenable couvrait la richesse et la magnificence de leurs habillements. Pour ce qui est d'Aladdin, il monta à cheval ; et, après être sorti de sa maison paternelle pour n'y plus revenir, sans avoir oublié la lampe merveilleuse, dont le secours lui avait été si avantageux pour parvenir au comble de son bonheur, il se rendit publiquement à son palais avec la même pompe qu'il était allé se présenter au sultan le jour de devant.

Dès que les portiers du palais du sultan eurent aperçu la mère d'Aladdin qui venait, ils en avertirent le sultan. Aussitôt l'ordre fut donné aux troupes de trompettes, de timbales, de tambours, de fifres et de hautbois, qui étaient déjà postées en différents endroits des terrasses du palais ; et en un moment l'air retentit de fanfares et de concerts qui annoncèrent la joie à toute la ville. Les marchands commencèrent à parer leurs boutiques de beaux tapis, de coussins et de feuillages, et à préparer des illuminations pour la nuit. Les artisans quittèrent leur travail, et le peuple se rendit avec empressement à la grande place, qui se trouva alors entre le palais du sultan et celui d'Aladdin. Ce dernier attira d'abord leur admiration, non pas tant à cause qu'ils étaient accoutumés à voir celui du sultan que parce que celui du sultan ne pouvait entrer en comparaison avec celui d'Aladdin ; mais le sujet de leur plus grand étonnement fut de ne pouvoir comprendre par quelle merveille inouïe ils voyaient un palais si magnifique dans un lieu où le jour d'auparavant il n'y avait ni matériaux ni fondements préparés.

La mère d'Aladdin fut reçue dans le palais avec honneur, et introduite dans l'appartement de la princesse Badroulboudour par le chef des eunuques. Aussitôt que la princesse l'aperçut, elle alla l'embrasser, et lui fit prendre place sur son sofa, et, pendant que ses femmes achevaient de l'habiller et de la parer des joyaux les plus précieux dont Aladdin lui avait fait présent, elle la fit régaler d'une collation magnifique. Le sultan, qui venait pour être auprès de la princesse sa fille le plus de temps qu'il pourrait, avant qu'elle se séparât d'avec lui pour passer au palais d'Aladdin, lui fit aussi de grands honneurs. La mère d'Aladdin avait parlé plusieurs fois au sultan en public ; mais il ne l'avait point encore vue sans voile comme elle était alors. Quoiqu'elle fût dans un âge un peu avancé, on y observait encore des traits qui faisaient assez connaître qu'elle avait été du nombre des belles dans sa jeunesse. Le sultan, qui l'avait toujours vue habillée fort simplement, pour ne pas dire pauvrement, était dans l'admiration de la voir aussi richement et aussi magnifiquement vêtue que la princesse sa fille. Cela lui fit faire cette réflexion qu'Aladdin était également prudent, sage et entendu en toutes choses.

Quand la nuit fut venue, la princesse prit congé du sultan son père. Leurs adieux furent tendres et mêlés de larmes ; ils s'embrassèrent plusieurs fois sans se rien dire, et enfin la princesse sortit de son appartement, et se mit en marche avec la mère d'Aladdin à sa gauche, suivie de cent femmes esclaves habillées d'une magnificence surprenante. Toutes les troupes d'instruments, qui n'avaient cessé de se faire entendre depuis l'arrivée de la mère d'Aladdin, s'étaient réunies et commencèrent cette marche ; elles étaient suivies par cent chiaoux, et par un pareil nombre d'eunuques noirs en deux files, avec leurs officiers à leur tête. Quatre cents jeunes pages du sultan, en deux bandes, qui marchaient sur les côtés en tenant chacun un flambeau à la main, faisaient une lumière qui, jointe aux illuminations, tant du palais du sultan que de celui d'Aladdin, suppléait merveilleusement au défaut du jour.

Dans cet ordre, la princesse marcha sur le tapis étendu depuis le palais du sultan jusqu'au palais d'Aladdin, et, à mesure qu'elle avançait, les instruments qui étaient à la tête de la marche, en s'approchant et en se mêlant avec ceux qui se faisaient entendre du haut des terrasses du palais d'Aladdin, formèrent un concert qui, tout extraordinaire et confus qu'il paraissait, ne laissait pas d'augmenter la joie, non seulement dans la place remplie d'un grand peuple, mais même dans les deux palais, dans toute la ville, et bien loin au-dehors.

La princesse arriva enfin au nouveau palais, et Aladdin courut avec toute la joie imaginable à l'entrée de l'appartement qui lui était destiné, pour la recevoir. La mère d'Aladdin avait eu soin de faire distinguer son fils à la princesse, au milieu des officiers qui l'environnaient ; et la princesse, en l'apercevant, le trouva si bien fait qu'elle en fut charmée. « Adorable princesse, lui dit Aladdin en l'abordant et en la saluant très respectueusement, si j'avais le malheur de vous avoir déplu par la témérité que j'ai eue d'aspirer à la possession d'une si aimable princesse, fille de mon sultan, j'ose vous dire que ce serait à vos beaux yeux et à vos charmes que vous devriez vous en prendre, et non pas à moi. – Prince, que je suis en droit de traiter ainsi à présent, lui répondit la princesse, j'obéis à la volonté du sultan mon père ; et il me suffit de vous avoir vu pour vous dire que je lui obéis sans répugnance. »

Aladdin, charmé d'une réponse si agréable et si satisfaisante pour lui, ne laissa pas plus longtemps la princesse debout après le chemin qu'elle venait de faire, à quoi elle n'était point accoutumée ; il lui prit la main, qu'il baisa avec une grande démonstration de joie, et il la conduisit dans un grand salon éclairé d'une infinité de bougies, où, par les soins du génie, la table se trouva servie d'un superbe festin. Les plats étaient d'or massif, et remplis de viandes les plus délicieuses. Les vases, les bassins, les gobelets, dont le buffet était très bien garni, étaient aussi d'or et d'un travail exquis. Les autres ornements et tous les embellissements du salon répondaient parfaitement à cette grande richesse. La princesse, enchantée de voir tant de richesses rassemblées dans un même lieu, dit à Aladdin : « Prince, je croyais que rien au monde n'était plus beau que le palais du sultan mon père ;

mais, à voir ce seul salon, je m'aperçois que je m'étais trompée. – Princesse, répondit Aladdin en la faisant mettre à table à la place qui lui était destinée, je reçois une si grande honnêteté comme je le dois ; mais je sais ce que je dois croire. »

La princesse Badroulboudour, Aladdin et la mère d'Aladdin se mirent à table ; et aussitôt un chœur d'instruments les plus harmonieux, touchés et accompagnés de très belles voix de femmes, toutes d'une grande beauté, commença un concert qui dura sans interruption jusqu'à la fin du repas. La princesse en fut si charmée qu'elle dit qu'elle n'avait rien entendu de pareil dans le palais du sultan son père. Mais elle ne savait pas que ces musiciennes étaient des fées choisies par le génie esclave de la lampe.

Quand le souper fut achevé et que l'on eut desservi en diligence, une troupe de danseurs et de danseuses succédèrent aux musiciennes. Ils dansèrent plusieurs sortes de danses figurées, selon la coutume du pays, et ils finirent par un danseur et une danseuse, qui dansèrent seuls avec une légèreté surprenante, et firent paraître chacun à leur tour toute la bonne grâce et l'adresse dont ils étaient capables. Il était près de minuit, quand, selon la coutume de la Chine de ce temps-là, Aladdin se leva et présenta la main à la princesse Badroulboudour pour danser ensemble, et terminer ainsi les cérémonies de leurs noces. Ils dansèrent d'un si bon air qu'ils firent l'admiration de toute la compagnie. En achevant, Aladdin ne quitta pas la main de la princesse, et ils passèrent ensemble dans l'appartement où le lit nuptial était préparé. Les femmes de la princesse servirent à la déshabiller et la mirent au lit, et les officiers d'Aladdin en firent autant, et chacun se retira. Ainsi furent terminées les cérémonies et les réjouissances des noces d'Aladdin et de la princesse Badroulboudour.

Le lendemain, quand Aladdin fut éveillé, ses valets de chambre se présentèrent pour l'habiller. Ils lui mirent un habit différent de celui du jour des noces, mais aussi riche et aussi magnifique. Ensuite il se fit amener un des chevaux destinés pour sa personne. Il le monta et se rendit au palais du sultan, au milieu d'une grosse troupe d'esclaves qui marchaient devant lui, à ses côtés et à sa suite. Le sultan le reçut avec les mêmes honneurs que la première fois ; il l'embrassa ; et, après l'avoir fait asseoir près de lui sur son trône, il commanda qu'on servît le déjeuner. « Sire, lui dit Aladdin, je supplie Votre Majesté de me dispenser aujourd'hui de cet honneur : je viens la prier de me faire celui de venir prendre un repas dans le palais de la princesse, avec son grand-vizir et les seigneurs de sa cour. » Le sultan lui accorda cette grâce avec plaisir. Il se leva à l'heure même, et comme le chemin n'était pas long, il voulut y aller à pied. Ainsi il sortit avec Aladdin à sa droite, le grand-vizir à sa gauche, et les seigneurs à sa suite, précédé par les chiaoux et par les principaux officiers de sa maison.

Plus le sultan approchait du palais d'Aladdin, plus il était frappé de sa beauté. Ce fut tout autre chose quand il y fut entré : ses exclamations ne cessaient pas à chaque pièce qu'il voyait. Mais, quand il fut arrivé au salon à vingt-quatre croisées, où Aladdin l'avait invité à monter, qu'il en eut vu les ornements, et surtout qu'il eut jeté les yeux sur les jalousies enrichies de diamants, de rubis et d'émeraudes, toutes pierres parfaites dans leur grosseur proportionnée, et qu'Aladdin lui eut fait remarquer que la richesse était pareille au-dehors, il en fut tellement surpris qu'il demeura comme immobile. Après avoir resté quelque temps en cet état : « Vizir, dit-il à ce ministre qui était près de lui, est-il possible qu'il y ait en mon royaume, et si près de mon palais, un palais si superbe, et que je l'aie ignoré jusqu'à présent ? – Votre Majesté, reprit le grand-vizir, peut se souvenir qu'avant-hier elle accorda à Aladdin, qu'elle venait de reconnaître pour son gendre, la permission de bâtir un palais vis-à-vis du sien ; le même jour, au coucher du soleil, il n'y avait pas encore de palais en cette place ; et hier j'eus l'honneur de lui annoncer le premier que le palais était fait et achevé. – Je m'en souviens, repartit le sultan ; mais jamais je ne me fusse imaginé que ce palais fût une des merveilles du monde. Où en trouve-t-on dans tout l'univers de bâtis d'assises d'or et d'argent massif, au lieu d'assises de pierre ou de marbre, dont les croisées aient des jalousies jonchées de diamants, de rubis et d'émeraudes ? Jamais au monde il n'a été fait mention de chose semblable ! »

Le sultan voulut voir et admirer la beauté des vingt-quatre jalousies. En les comptant, il n'en trouva que vingt-trois qui fussent de la même richesse, et il fut dans un grand étonnement de ce que la vingt-quatrième était demeurée imparfaite. « Vizir, dit-il (car le grand-vizir se faisait un devoir de ne pas l'abandonner), je suis surpris qu'un salon de cette magnificence soit demeuré imparfait par cet endroit. – Sire, reprit le grand-vizir, Aladdin apparemment a été pressé, et le temps lui a manqué pour rendre cette croisée semblable aux autres ; mais on peut croire qu'il a les pierreries nécessaires, et qu'au premier jour il y fera travailler. »

Aladdin, qui avait quitté le sultan pour donner quelques ordres, vint le rejoindre en ces entrefaites. « Mon fils, lui dit le sultan, voici le salon le plus digne d'être admiré de tous ceux qui sont au monde. Une seule chose me surprend : c'est de voir que cette jalousie soit demeurée imparfaite. Est-ce par oubli, ajouta-t-il, par négligence, ou parce que les ouvriers n'ont pas eu le temps de mettre la dernière main à un si beau morceau d'architecture ? – Sire, répondit Aladdin, ce n'est par aucune de ces raisons que la jalousie est restée dans l'état que Votre Majesté la voit. La chose a été faite à dessein, et c'est par mon ordre que les ouvriers n'y ont pas touché : je voulais que Votre Majesté eût la gloire de faire achever ce salon et le palais en même temps. Je la supplie de vouloir bien agréer ma bonne intention, afin que je puisse me souvenir de la faveur et de la grâce que j'aurai reçues d'elle. – Si vous l'avez fait dans cette intention, reprit le sultan, je vous en sais bon gré ; je vais dès l'heure même donner les ordres pour cela. » En effet, il ordonna qu'on fît venir les joailliers les mieux fournis de pierreries et les orfèvres les plus habiles de sa capitale.

Le sultan cependant descendit du salon, et Aladdin le conduisit dans celui où il avait régalé la princesse Badroulboudour le jour des noces. La princesse arriva un moment après, qui reçut le sultan son père d'un air qui lui fit connaître avec plaisir combien elle était contente de son mariage. Deux tables se trouvèrent fournies des mets les plus délicieux et servies toutes en vaisselle d'or. Le sultan se mit à table à la première, et mangea avec la princesse sa fille, Aladdin et le grand-vizir. Tous les seigneurs de la cour furent régalés à la seconde, qui était fort longue. Le sultan trouva les mets de bon goût, et il avoua que jamais il n'avait rien mangé de plus excellent. Il dit la même chose du vin, qui était en effet très délicieux. Ce qu'il admira davantage fut quatre grands buffets garnis et chargés à profusion de flacons, de bassins et de coupes d'or massif, le tout enrichi de pierreries. Il fut charmé aussi des chœurs de musique qui étaient disposés dans le salon, pendant que les fanfares de trompettes accompagnées de timbales et de tambours retentissaient au-dehors à une distance proportionnée, pour en avoir tout l'agrément.

Dans le temps que le sultan venait de sortir de table, on l'avertit que les joailliers et les orfèvres qui avaient été appelés par son ordre étaient arrivés. Il remonta au salon à vingt-quatre croisées ; et, quand il y fut, il montra aux joailliers et aux orfèvres qui l'avaient suivi la croisée qui était imparfaite. « Je vous ai fait venir, leur dit-il, afin que vous m'accommodiez cette croisée, et que vous la mettiez dans la même perfection que les autres ; examinez-les, et ne perdez pas de temps à me rendre celle-ci toute semblable. »

Les joailliers et les orfèvres examinèrent les vingt-trois autres jalousies avec une grande attention ; et, après qu'ils eurent consulté ensemble, et qu'ils furent convenus de ce qu'ils pouvaient contribuer chacun de son côté, ils revinrent se présenter devant le sultan ; et le joaillier ordinaire du palais, qui prit la parole, lui dit : « Sire, nous sommes prêts d'employer nos soins et notre industrie pour obéir à Votre Majesté ; mais, entre tous tant que nous sommes de notre profession, nous n'avons pas de pierreries aussi précieuses ni en assez grand nombre pour fournir à un si grand travail. – J'en ai, dit le sultan, et au-delà de ce qu'il en faudra ; venez à mon palais, je vous mettrai à même, et vous choisirez. »

Quand le sultan fut de retour à son palais, il fit apporter toutes ses pierreries, et les joailliers en prirent une très grande quantité, particulièrement de celles qui venaient du présent d'Aladdin. Ils les employèrent sans qu'il parût qu'ils eussent beaucoup avancé. Ils revinrent en prendre d'autres à plusieurs reprises, et en un mois ils n'avaient pas achevé la moitié de l'ouvrage. Ils employèrent toutes celles du sultan, avec ce que le grand-vizir lui prêta des siennes ; et tout ce qu'ils purent faire avec tout cela fut au plus d'achever la moitié de la croisée.

Aladdin, qui connut que le sultan s'efforçait inutilement de rendre la jalousie semblable aux autres, et que jamais il n'en viendrait à son honneur, fit venir les orfèvres, et leur dit non seulement de cesser leur travail, mais même de défaire tout ce qu'ils avaient fait, et de reporter au sultan toutes ses pierreries avec celles qu'il avait empruntées au grand-vizir.

L'ouvrage que les joailliers et les orfèvres avaient mis plus de six semaines à faire fut détruit en peu d'heures. Ils se retirèrent, et laissèrent Aladdin seul dans le salon. Il tira la lampe qu'il avait sur lui, et il la frotta. Aussitôt le génie se présenta. « Génie, lui dit Aladdin, je t'avais ordonné de laisser une des vingt-quatre jalousies de ce salon imparfaite, et tu avais exécuté mon ordre ; présentement je t'ai fait venir pour te dire que je souhaite que tu la rendes pareille aux autres. » Le génie disparut, et Aladdin descendit du salon. Peu de moments après, comme il y fut remonté, il trouva la jalousie dans l'état qu'il l'avait souhaitée et pareille aux autres.

Les joailliers et les orfèvres cependant arrivèrent au palais, et furent introduits et présentés au sultan dans son appartement. Le premier joaillier, en lui présentant les pierreries qu'ils lui rapportaient, dit au sultan au nom de tous : « Sire, Votre Majesté sait combien il y a de temps que nous travaillons de toute notre industrie à finir l'ouvrage dont elle nous a chargés. Il était déjà fort avancé, lorsque Aladdin nous a obligés non seulement de cesser, mais même de défaire tout ce que nous avions fait et de lui rapporter ses pierreries et celles du grand-vizir. » Le sultan leur demanda si Aladdin ne leur en avait pas dit la raison ; et, comme ils lui eurent marqué qu'il ne leur en avait rien témoigné, il donna ordre sur-le-champ qu'on lui amenât un cheval. On le lui amène, il le monte, et part sans autre suite que de ses gens qui l'accompagnèrent à pied. Il arrive au palais d'Aladdin, et il va mettre pied à terre au bas de l'escalier qui conduisait au salon à vingt-quatre croisées. Il y monte sans faire avertir Aladdin ; mais Aladdin s'y trouva fort à propos, et il n'eut que le temps de recevoir le sultan à la porte.

Le sultan, sans donner à Aladdin le temps de se plaindre

obligeamment de ce que Sa Majesté ne l'avait pas fait avertir, et qu'elle l'avait mis dans la nécessité de manquer à son devoir, lui dit : « Mon fils, je viens moi-même vous demander quelle raison vous avez de vouloir laisser imparfait un salon aussi magnifique et aussi singulier que celui de votre palais. »

Aladdin dissimula la véritable raison, qui était que le sultan n'était pas assez riche en pierreries pour faire une dépense si grande. Mais, afin de lui faire connaître combien le palais, tel qu'il était, surpassait, non seulement le sien, mais même tout autre palais qui fût au monde, puisqu'il n'avait pu le parachever dans la moindre de ses parties, il lui répondit : « Sire, il est vrai que Votre Majesté a vu ce salon imparfait ; mais je la supplie de voir présentement si quelque chose y manque. »

Le sultan alla droit à la fenêtre dont il avait vu la jalousie imparfaite, et, quand il eut remarqué qu'elle était semblable aux autres, il crut s'être trompé. Il examina non seulement les deux croisées qui étaient aux deux côtés, il les regarda même toutes l'une après l'autre ; et, quand il fut convaincu que la jalousie à laquelle il avait fait employer tant de temps, et qui avait coûté tant de journées d'ouvriers, venait d'être achevée dans le peu de temps qui lui était connu, il embrassa Aladdin et le baisa au front entre les deux yeux. « Mon fils, lui dit-il, rempli d'étonnement, quel homme êtes-vous, qui faites des choses si surprenantes, et presque en un clin d'œil ? Vous n'avez pas votre semblable au monde ; et plus je vous connais, plus je vous trouve admirable ! »

Aladdin reçut les louanges du sultan avec beaucoup de modestie, et il lui répondit en ces termes : « Sire, c'est une grande gloire pour moi de mériter la bienveillance et l'approbation de Votre Majesté. Ce que je puis lui assurer, c'est que je n'oublierai rien pour mériter l'une et l'autre de plus en plus. »

Le sultan retourna à son palais de la manière qu'il y était venu, sans permettre à Aladdin de l'y accompagner. En arrivant, il trouva le grand-vizir qui l'attendait. Le sultan, encore tout rempli d'admiration de la merveille dont il venait d'être témoin, lui en fit le récit en des termes qui ne firent pas douter à ce ministre que la chose ne fût comme le sultan la racontait, mais qui confirmèrent le vizir dans la croyance où il était déjà, que le palais d'Aladdin était l'effet d'un enchantement, dont il s'était ouvert au sultan presque dans le moment que ce palais venait de paraître. Il voulut lui répéter la même chose. « Vizir, lui dit le sultan en l'interrompant, vous m'avez déjà dit la même chose ; mais je vois bien que vous n'avez pas encore mis en oubli le mariage de ma fille avec votre fils. »

Le grand-vizir vit bien que le sultan était prévenu : il ne voulut pas entrer en contestation avec lui, et il le laissa dans son opinion. Tous les jours, régulièrement dès que le sultan était levé, il ne manquait pas de se rendre dans un cabinet d'où l'on découvrait tout le palais d'Aladdin, et il y allait encore plusieurs fois pendant la journée pour le contempler et l'admirer.

Aladdin cependant ne demeurait pas renfermé dans son palais : il avait soin de se faire voir par la ville plus d'une fois chaque semaine, soit qu'il allât faire sa prière tantôt dans une mosquée, tantôt dans une autre, ou que de temps en temps il allât rendre visite au grand-vizir, qui affectait d'aller lui faire sa cour à certains jours réglés, ou qu'il fît l'honneur aux principaux seigneurs, qu'il régalait souvent dans son palais, d'aller les voir chez eux. Chaque fois qu'il sortait, il faisait jeter par deux de ses esclaves qui marchaient en troupe autour de son cheval des pièces d'or à poignées, dans les rues et dans les places par où il passait, et où le peuple se rendait toujours en grande foule.

D'ailleurs, pas un pauvre ne se présentait à la porte de son palais qu'il ne s'en retournât content de la libéralité qu'on y faisait par ses ordres.

Comme Aladdin avait partagé son temps de manière qu'il n'y avait pas de semaine qu'il n'allât à la chasse au moins une fois, tantôt aux environs de la ville, quelquefois plus loin, il exerçait la même libéralité par les chemins et par les villages. Cette inclination généreuse lui fit donner par tout le peuple mille bénédictions, et il était ordinaire de ne jurer que par sa tête. Enfin, sans donner aucun ombrage au sultan, à qui il faisait fort régulièrement sa cour, on peut dire qu'Aladdin s'était attiré par ses manières affables et libérales toute l'affection du peuple, et que, généralement parlant, il était plus aimé que le sultan même. Il joignit à toutes ces belles qualités une valeur et un zèle pour le bien de l'État qu'on ne saurait assez louer. Il en donna même des marques à l'occasion d'une révolte vers les confins du royaume. Il n'eut pas plus tôt appris que le sultan levait une armée pour la dissiper qu'il le supplia de lui en donner le commandement. Il n'eut pas de peine à l'obtenir. Sitôt qu'il fut à la tête de l'armée, il la fit marcher contre les révoltés ; et il se conduisit en toute cette expédition avec tant de diligence que le sultan apprit plus tôt que les révoltés avaient été défaits, châtiés ou dissipés. Cette action, qui rendit son nom célèbre dans toute l'étendue du royaume, ne changea point son cœur. Il revint victorieux, mais aussi doux et aussi affable qu'il avait toujours été.

Il y avait déjà plusieurs années qu'Aladdin se gouvernait comme nous venons de le dire, quand le magicien qui lui avait donné sans y penser le moyen de s'élever à une si haute fortune se souvint de lui en Afrique où il était retourné. Quoique jusqu'alors il se fût persuadé qu'Aladdin était mort misérablement dans le souterrain où il l'avait laissé, il lui vint néanmoins en pensée de savoir précisément quelle avait été sa fin. Comme il était grand géomancien, il tira d'une armoire un carré en forme de boîte couverte dont il se servait pour faire ses observations de géomance. Il s'assoit sur son sofa, met le carré devant lui, le découvre, et, après avoir préparé et égalé le sable, avec l'intention de savoir si Aladdin était mort dans le souterrain, il jette les points, il en tire les figures, et il en forme l'horoscope. En examinant l'horoscope pour en porter jugement, au lieu de trouver qu'Aladdin fût mort dans le souterrain, il découvre qu'il en était sorti et qu'il vivait sur terre dans une grande splendeur, puissamment riche, mari d'une princesse, honoré et respecté.

Le magicien africain n'eut pas plus tôt appris par les règles de son art diabolique qu'Aladdin était dans cette grande élévation que le feu lui en monta au visage. De rage il dit en lui-même : « Ce misérable fils de tailleur a découvert le secret et la vertu de la lampe ! J'avais cru sa mort certaine, et le voilà qui jouit du fruit de mes travaux et de mes veilles !

J'empêcherai qu'il n'en jouisse longtemps, ou je périrai. » Il ne fut pas longtemps à délibérer sur le parti qu'il avait à prendre. Dès le lendemain matin il monta un barbe qu'il avait dans son écurie, et il se mit en chemin. De ville en ville et de province en province, sans s'arrêter qu'autant qu'il en était besoin pour ne pas trop fatiguer son cheval, il arriva à la Chine, et bientôt dans la capitale du sultan dont Aladdin avait épousé la fille. Il mit pied à terre dans un khan ou hôtellerie publique où il prit une chambre à louage. Il y demeura le reste du jour et la nuit suivante pour se remettre de la fatigue de son voyage.

Le lendemain, avant toutes choses, le magicien africain voulut savoir ce que l'on disait d'Aladdin. En se promenant par la ville, il entra dans le lieu le plus fameux et le plus fréquenté par les personnes de grande distinction, où l'on s'assemblait pour boire d'une certaine boisson chaude qui lui était connue dès son premier voyage. Il n'y eut pas plus tôt pris place qu'on lui versa de cette boisson dans une tasse, et qu'on la lui présenta. En la prenant, comme il prêtait l'oreille à droite et à gauche, il entendit qu'on s'entretenait du palais d'Aladdin. Quand il eut achevé, il s'approcha d'un de ceux qui s'en entretenaient ; et, en prenant son temps, il lui demanda en particulier ce que c'était que ce palais dont on parlait si avantageusement. « D'où venez-vous ? lui dit celui à qui il s'était adressé. Il faut que vous soyez bien nouveau venu si vous n'avez pas vu, ou plutôt si vous n'avez pas encore entendu parler du palais du prince Aladdin. » On n'appelait plus autrement Aladdin depuis qu'il avait épousé la princesse Badroulboudour. « Je ne vous dis pas, continua cet homme, que c'est une des merveilles du monde, mais que c'est la merveille unique qu'il y ait au monde : jamais on n'y a rien vu de si grand, de si riche, de si magnifique ! Il faut que vous veniez de bien loin, puisque vous n'en avez pas encore entendu parler. En effet, on en doit parler par toute la terre, depuis qu'il est bâti. Voyez-le, et vous jugerez si je vous en aurai parlé contre la vérité. – Pardonnez à mon ignorance, reprit le magicien africain ; je ne suis arrivé que d'hier, et je viens véritablement de si loin, je veux dire de l'extrémité de l'Afrique, que la renommée n'en était pas encore venue jusque-là quand je suis parti ; et comme, par rapport à l'affaire pressante qui m'amène, je n'ai eu d'autre vue dans mon voyage que d'arriver au plus tôt sans m'arrêter et sans faire aucune connaissance, je n'en savais que ce que vous venez de m'apprendre. Mais je ne manquerai pas de l'aller voir : l'impatience que j'en ai est même si grande que je suis prêt de satisfaire ma curiosité dès à présent, si vous voulez bien me faire la grâce de m'en enseigner le chemin. »

Celui à qui le magicien africain s'était adressé se fit un plaisir de lui enseigner le chemin par où il fallait qu'il passât pour avoir la vue du palais d'Aladdin ; et le magicien africain se leva et partit dans le moment. Quand il fut arrivé et qu'il eut examiné le palais de près et de tous les côtés, il ne douta pas qu'Aladdin ne se fût servi de la lampe pour le faire bâtir. Sans s'arrêter à l'impuissance d'Aladdin, fils d'un simple tailleur, il savait bien qu'il n'appartenait de faire de semblables merveilles qu'à des génies esclaves de la lampe dont l'acquisition lui avait échappé. Piqué au vif du bonheur et de la grandeur d'Aladdin, dont il ne faisait presque pas de différence d'avec celle du sultan, il retourna au khan où il avait pris logement.

Il s'agissait de savoir où était la lampe, si Aladdin la portait avec lui, ou en quel lieu il la conservait, et c'est ce qu'il fallait que le magicien découvrît par une opération de géomance. Dès qu'il fut arrivé où il logeait, il prit son carré et son sable, qu'il portait en tous ses voyages. L'opération achevée, il connut que la lampe était dans le palais d'Aladdin ; et il eut une joie si grande de cette découverte qu'à peine il se sentait lui-même. « Je l'aurai cette lampe, dit-il, et je défie Aladdin de m'empêcher de la lui enlever et de le faire descendre jusqu'à la bassesse d'où il a pris un si haut vol. »

Le malheur pour Aladdin voulut qu'alors il était allé à une partie de chasse pour huit jours ; et qu'il n'y en avait que trois qu'il était parti ; et voici de quelle manière le magicien africain en fut informé. Quand il eut fait l'opération qui venait de lui donner tant de joie, il alla voir le concierge du khan, sous prétexte de s'entretenir avec lui ; et il en avait un fort naturel, qu'il n'était pas besoin d'amener de bien loin. Il lui dit qu'il venait de voir le palais d'Aladdin ; et, après lui avoir exagéré tout ce qu'il y avait remarqué de plus surprenant et tout ce qui l'avait frappé davantage, et qui frappait généralement tout le monde : « Ma curiosité, ajouta-t-il, va plus loin, et je ne serai pas satisfait que je n'aie vu le maître à qui appartient un édifice si merveilleux. – Il ne vous sera pas difficile de le voir, reprit le concierge ; il n'y a presque pas de jour qu'il n'en donne occasion quand il est dans la ville ; mais il y a trois jours qu'il est dehors pour une grande chasse qui en doit durer huit. »

Le magicien africain ne voulut pas en savoir davantage ; il prit congé du concierge, et, en se retirant : « Voilà le temps d'agir, dit-il en lui-même ; je ne dois pas le laisser échapper. » Il alla à la boutique d'un faiseur et vendeur de lampes. « Maître, dit-il, j'ai besoin d'une douzaine de lampes de cuivre ; pouvez-vous me la fournir ? » Le vendeur lui dit qu'il en manquait quelques-unes, mais que, s'il voulait se donner patience jusqu'au lendemain, il la fournirait complète à l'heure qu'il voudrait. Le magicien le voulut bien ; il lui recommanda qu'elles fussent propres et bien polies, et, après lui avoir promis qu'il le paierait bien, il se retira dans son khan.

Le lendemain, la douzaine de lampes fut livrée au magicien africain, qui les paya au prix qui lui fut demandé sans en rien diminuer. Il les mit dans un panier dont il s'était pourvu exprès ; et avec ce panier au bras il alla vers le palais d'Aladdin, et, quand il s'en fut approché, il se mit à crier : *Qui veut changer de vieilles lampes pour des neuves ?*

A mesure qu'il avançait, et d'aussi loin que les petits enfants qui jouaient dans la place l'entendirent, ils accoururent, et ils s'assemblèrent autour de lui avec de grandes huées, et le regardèrent comme un fou. Les passants riaient même de sa bêtise à ce qu'ils s'imaginaient. « Il faut, disaient-ils, qu'il ait perdu l'esprit pour offrir de changer des lampes neuves contre des vieilles. »

Le magicien africain ne s'étonna ni des huées des enfants, ni de tout ce qu'on pouvait dire de lui, et, pour débiter sa marchandise, il continua de crier : *Qui veut changer de vieilles lampes pour des neuves ?*

Il répéta si souvent la même chose en allant et venant dans la place, devant le palais et à l'entour, que la princesse

Badroulboudour, qui était alors dans le salon aux ving[t] quatre croisées, entendit la voix d'un homme ; mais, comm[e] elle ne pouvait distinguer ce qu'il criait, à cause des huée[s] des enfants qui le suivaient et dont le nombre augmentait d[e] moment en moment, elle envoya une de ses femmes esclaves qui l'approchait de plus près pour voir ce que c'était que ce bruit.

La femme esclave ne fut pas longtemps à remonter ; elle entra dans le salon avec de grands éclats de rire. Elle riait de si bonne grâce que la princesse ne put s'empêcher de rire elle-même en la regardant. « Hé bien, folle, dit la princesse, veux-tu me dire pourquoi tu ris ? – Princesse, répondit la femme esclave en riant toujours, qui pourrait s'empêcher de rire en voyant un fou avec un panier au bras, plein de belles lampes toutes neuves, qui ne demande pas à les vendre, mais à les changer contre des vieilles ? Ce sont les enfants, dont il est si fort environné qu'à peine peut-il avancer, qui font tout le bruit qu'on entend en se moquant de lui. »

Sur ce récit, une autre femme esclave, en prenant la parole : « A propos de vieilles lampes, dit-elle, je ne sais si la princesse a pris garde qu'en voilà une sur la corniche ; celui à qui elle appartient ne sera pas fâché d'en trouver une neuve au lieu de cette vieille. Si la princesse le veut bien, elle peut avoir le plaisir d'éprouver si ce fou est véritablement assez fou pour donner une lampe neuve en échange d'une vieille sans en rien demander de retour. »

La lampe dont la femme esclave parlait était la lampe merveilleuse dont Aladdin s'était servi pour s'élever au point de grandeur où il était arrivé ; il l'avait mise lui-même sur la corniche avant d'aller à la chasse, dans la crainte de la perdre, et il avait pris la même précaution toutes les autres fois qu'il y était allé. Mais ni les femmes esclaves, ni les eunuques, ni la princesse même, n'y avaient fait attention une seule fois jusqu'alors pendant son absence ; hors du temps de la chasse, il la portait toujours sur lui. On dira que la précaution d'Aladdin était bonne, mais au moins qu'il aurait dû enfermer la lampe. Cela est vrai ; mais on a fait de semblables fautes de tout temps, on en fait encore aujourd'hui, et l'on ne cessera d'en faire.

…cesse Badroulboudour, qui ignorait que la lampe … précieuse qu'elle l'était, et qu'Aladdin, sans parler …ême, eût un intérêt aussi grand qu'il l'avait qu'on n'y … pas et qu'elle fût conservée, entra dans la plaisante… elle commanda à un eunuque de la prendre et d'en faire l'échange. L'eunuque obéit. Il descendit du salon ; … ne fut pas plus tôt sorti de la porte du palais qu'il aperçut …magicien africain ; il l'appela ; et, quand il fut venu à lui, en lui montrant la vieille lampe : « Donne-moi, dit-il, une …ampe neuve pour celle-ci. »

Le magicien africain ne douta pas que ce ne fût la lampe qu'il cherchait ; il ne pouvait pas y en avoir d'autres dans le palais d'Aladdin, où toute la vaisselle n'était que d'or ou d'argent ; il la prit promptement de la main de l'eunuque ; et, après l'avoir fourrée bien avant dans son sein, il lui présenta son panier, et lui dit de choisir celle qui lui plairait. L'eunuque choisit, et, après avoir laissé le magicien, il porta la lampe neuve à la princesse Badroulboudour ; mais l'échange ne fut pas plus tôt fait que les enfants firent retentir la place de plus grands éclats qu'ils n'avaient encore fait, en se moquant, selon eux, de la bêtise du magicien.

Le magicien africain les laissa criailler tant qu'ils voulurent ; mais, sans s'arrêter plus longtemps aux environs du palais d'Aladdin, il s'en éloigna insensiblement et sans bruit, c'est-à-dire sans crier, et sans parler davantage de changer des lampes neuves pour des vieilles. Il n'en voulait pas d'autres que celle qu'il emportait ; et son silence enfin fit que les enfants s'écartèrent et qu'ils le laissèrent aller.

Dès qu'il fut hors de la place qui était entre les deux palais, il s'échappa par les rues les moins fréquentées, et, comme il n'avait plus besoin des autres lampes ni du panier, il posa le panier et les lampes au milieu d'une rue où il vit qu'il n'y avait personne. Alors, dès qu'il eut enfilé une autre rue, il pressa le pas jusqu'à ce qu'il arrivât à une des portes de la ville. En continuant son chemin par le faubourg, qui était fort long, il fit quelques provisions avant qu'il en sortît. Quand il fut dans la campagne, il se détourna du chemin dans un lieu à l'écart, hors de la vue du monde, où il resta jusqu'au moment qu'il jugea à propos, pour achever d'exécuter le dessein qui l'avait amené. Il ne regretta pas le barbe qu'il laissait dans le khan où il avait pris logement ; il se crut bien dédommagé par le trésor qu'il venait d'acquérir.

Le magicien africain passa le reste de la journée dans ce lieu, jusqu'à une heure de nuit, que les ténèbres furent le plus obscures. Alors il tira la lampe de son sein, et il la frotta. A cet appel, le génie lui apparut. *Que veux-tu ?* lui demanda le génie ; *me voilà prêt à t'obéir comme ton esclave, et de tous ceux qui ont la lampe à la main, moi et ses autres esclaves.*

– Je te commande, reprit le magicien africain, qu'à l'heure même tu enlèves le palais que toi ou les autres esclaves de la lampe ont bâti dans cette ville, tel qu'il est, avec tout ce qu'il y a de vivant, et que tu le transportes avec moi en même temps dans un tel endroit de l'Afrique. » Sans lui répondre, le génie, avec l'aide d'autres génies, esclaves de la lampe comme lui, le transportèrent en très peu de temps, lui et le palais en son entier, au propre lieu de l'Afrique qui lui avait été marqué. Nous laisserons le magicien africain et le palais avec la princesse Badroulboudour en Afrique, pour parler de la surprise du sultan.

Dès que le sultan fut levé, il ne manqua pas, selon sa coutume, de se rendre au cabinet ouvert, pour avoir le plaisir de contempler et d'admirer le palais d'Aladdin. Il jeta la vue du côté où il avait coutume de voir ce palais, et il ne vit qu'une place vide, telle qu'elle était avant qu'on l'y eût bâti. Il crut qu'il se trompait, et il se frotta les yeux ; mais il ne vit rien de plus que la première fois, quoique le temps fût serein, le ciel net, et que l'aurore qui avait commencé de paraître rendît tous les objets fort distincts. Il regarda par les deux ouvertures à droite et à gauche, et il ne vit que ce qu'il avait coutume de voir par ces deux endroits. Son étonnement fut si grand qu'il demeura longtemps dans la même place, les yeux tournés du côté où le palais avait été, et où il ne le voyait plus, en cherchant ce qu'il ne pouvait comprendre, savoir : comment il se pouvait faire qu'un palais aussi grand et aussi apparent que celui d'Aladdin, qu'il avait vu presque chaque jour depuis qu'il avait été bâti avec sa permission, et tout récemment le jour de devant, se fût évanoui de manière qu'il n'en paraissait pas le moindre vestige. « Je ne me trompe pas, disait-il en lui-même : il était dans la place que voilà ; s'il s'était écroulé, les matériaux paraîtraient en monceaux, et, si la terre l'avait englouti, on en verrait quelque marque, de quelque manière que cela fût arrivé. » Et, quoique convaincu que le palais n'y était plus, il ne laissa pas néanmoins d'attendre encore quelque temps, pour voir si en effet il ne se trompait pas. Il se retira enfin, et, après avoir regardé encore derrière lui avant de s'éloigner, il revint à son appartement ; il commanda qu'on lui fît venir le grand-vizir en toute diligence ; et cependant il s'assit, l'esprit agité de pensées si différentes qu'il ne savait quel parti prendre.

Le grand-vizir ne fit pas attendre le sultan : il vint même avec une si grande précipitation que ni lui ni ses gens ne firent réflexion, en passant, que le palais d'Aladdin n'était plus à sa place ; les portiers mêmes, en ouvrant la porte du palais, ne s'en étaient pas aperçus.

En abordant le sultan : « Sire, lui dit le grand-vizir, l'empressement avec lequel Votre Majesté m'a fait appeler m'a fait juger que quelque chose de bien extraordinaire était arrivé, puisqu'elle n'ignore pas qu'il est aujourd'hui jour de conseil, et que je ne devais pas manquer de me rendre à mon devoir dans peu de moments. – Ce qui est arrivé est véritablement extraordinaire, comme tu le dis, et tu vas en convenir. Dis-moi où est le palais d'Aladdin. – Le palais d'Aladdin, Sire ! répondit le grand-vizir avec étonnement ; je viens de passer devant, il m'a semblé qu'il était à sa place : des bâtiments aussi solides que celui-là ne changent pas de place si facilement. – Va voir au cabinet, répondit le sultan, et tu viendras me dire si tu l'auras vu. »

Le grand-vizir alla au cabinet ouvert, et il lui arriva la même chose qu'au sultan. Quand il se fut bien assuré que le palais d'Aladdin n'était plus où il avait été, et qu'il n'en paraissait pas le moindre vestige, il revint se présenter au sultan. « Hé bien, as-tu vu le palais d'Aladdin ? Lui demanda le sultan. – Sire, répondit le grand-vizir, Votre Majesté peut se souvenir que j'ai eu l'honneur de lui dire que ce palais, qui faisait le sujet de son admiration avec ses richesses immenses, n'était qu'un ouvrage de magie et d'un magicien ; mais Votre Majesté n'a pas voulu y faire attention. »

Le sultan, qui ne pouvait disconvenir de ce que le grand-vizir lui représentait, entra dans une colère d'autant plus grande qu'il ne pouvait désavouer son incrédulité. « Où est, dit-il, cet imposteur, ce scélérat, que je lui fasse couper la tête ? – Sire, reprit le grand-vizir, il y a quelques jours qu'il est venu prendre congé de Votre Majesté ; il faut lui envoyer demander où est son palais : il ne doit pas l'ignorer. – Ce serait le traiter avec trop d'indulgence, repartit le sultan ; va donner ordre à trente de mes cavaliers de me l'amener chargé de chaînes. » Le grand-vizir alla donner l'ordre du sultan aux cavaliers, et il instruisit leur officier de quelle manière ils devaient s'y prendre afin qu'il ne leur échappât point. Ils partirent, et ils rencontrèrent Aladdin à cinq ou six lieues de la ville, qui revenait en chassant. L'officier lui dit en l'abordant que le sultan, impatient de le revoir, les avait envoyés pour le lui témoigner, et revenir avec lui en l'accompagnant.

Aladdin n'eut pas le moindre soupçon du véritable sujet qui avait amené ce détachement de la garde du sultan ; il continua de revenir en chassant ; mais, quand il fut à une demi-lieue de la ville, ce détachement l'environna, et l'officier, en prenant la parole, lui dit : « Prince Aladdin, c'est avec grand regret que nous vous déclarons l'ordre que nous avons du sultan de vous arrêter et de vous mener à lui en criminel d'État ; nous vous supplions de ne pas trouver mauvais que nous nous acquittions de notre devoir et de nous le pardonner. »

Cette déclaration fut un sujet de grande surprise à Aladdin qui se sentait innocent ; il demanda à l'officier s'il savait de quel crime il était accusé. A quoi il répondit que ni lui ni ses gens n'en savaient rien.

Comme Aladdin vit que ses gens étaient de beaucoup inférieurs au détachement, et même qu'ils s'éloignaient, il mit pied à terre. « Me voilà, dit-il ; exécutez l'ordre que vous avez. Je puis dire néanmoins que je ne me sens coupable d'aucun crime, ni envers la personne du sultan ni envers l'État. » On lui passa aussitôt au cou une chaîne fort grosse et fort longue, dont on le lia aussi par le milieu du corps, de manière qu'il n'avait pas les bras libres. Quand l'officier se fut mis à la tête de sa troupe, un cavalier prit le bout de la chaîne ; et, en marchant après l'officier, il mena Aladdin, qui fut obligé de le suivre à pied ; et dans cet état il fut conduit vers la ville.

Quand les cavaliers furent entrés dans le faubourg, les premiers qui virent qu'on menait Aladdin en criminel d'État ne doutèrent pas que ce ne fût pour lui couper la tête. Comme il était aimé généralement, les uns prirent le sabre et d'autres armes, et ceux qui n'en avaient pas s'armèrent de pierres, et ils suivirent les cavaliers. Quelques-uns qui étaient à la queue firent volte-face, en faisant mine de vouloir les dissiper ; mais bientôt ils grossirent en si grand nombre que les cavaliers prirent le parti de dissimuler, trop heureux s'ils pouvaient arriver jusqu'au palais du sultan sans qu'on leur enlevât Aladdin. Pour y réussir selon que les rues étaient plus ou moins larges, ils eurent grand soin d'occuper toute la largeur du terrain, tantôt en s'étendant, tantôt en se resserrant ; de la sorte ils arrivèrent à la place du palais, où ils se mirent tous sur une ligne, en faisant face à la populace armée, jusqu'à ce que leur officier et le cavalier qui menait Aladdin fussent entrés dans le palais, et que les portiers eussent fermé la porte pour empêcher qu'elle n'entrât.

Aladdin fut conduit devant le sultan, qui l'attendait sur le balcon, accompagné du grand-vizir ; et, sitôt qu'il le vit, il commanda au bourreau, qui avait eu ordre de se trouver là, de lui couper la tête, sans vouloir l'entendre ni tirer de lui aucun éclaircissement.

Quand le bourreau se fut saisi d'Aladdin, il lui ôta la chaîne qu'il avait au cou et autour du corps ; et, après avoir étendu sur la terre un cuir teint du sang d'une infinité de criminels qu'il avait exécutés, il l'y fit mettre à genoux et lui banda les yeux. Alors il tira son sabre ; il prit sa mesure pour donner le coup, en s'essayant et en faisant flamboyer le sabre en l'air par trois fois, et il attendit que le sultan lui donnât le signal pour trancher la tête d'Aladdin.

En ce moment, le grand-vizir aperçut que la populace qui avait forcé les cavaliers, et qui avait rempli la place, venait d'escalader les murs du palais en plusieurs endroits, et commençait à les démolir pour faire brèche. Avant que le sultan donnât le signal, il lui dit : « Sire, je supplie Votre Majesté de penser mûrement à ce qu'elle va faire. Elle va courir le risque de voir son palais forcé ; et, si ce malheur arrivait, l'événement pourrait en être funeste. – Mon palais forcé ! reprit le sultan. Qui peut avoir cette audace ? – Sire, repartit le grand-vizir, que Votre Majesté jette les yeux sur les murs de son palais et sur la place, elle connaîtra la vérité de ce que je lui dis. »

L'épouvante du sultan fut si grande quand il eut vu une émotion si vive et si animée que dans le moment même il commanda au bourreau de remettre son sabre dans le fourreau, d'ôter le bandeau des yeux d'Aladdin et de le laisser libre. Il donna ordre aussi aux chiaoux de crier que le sultan lui faisait grâce, et que chacun eût à se retirer.

Alors tous ceux qui étaient déjà montés au haut des murs du palais, témoins de ce qui venait de se passer, abandonnèrent leur dessein. Ils descendirent en peu d'instants, et, pleins de joie d'avoir sauvé la vie à un homme qu'ils aimaient véritablement, ils publièrent cette nouvelle à tous ceux qui étaient autour d'eux ; elle passa bientôt à toute la populace qui était dans la place du palais ; et les cris des chiaoux, qui annonçaient la même chose du haut des terrasses où ils étaient montés, achevèrent de la rendre publique. La justice que le sultan venait de rendre à Aladdin en lui faisant grâce désarma la populace, fit cesser le tumulte, et insensiblement chacun se retira chez soi.

Quand Aladdin se vit libre, il leva la tête du côté du balcon ; et, comme il eut aperçu le sultan : « Sire, dit-il en élevant sa voix d'une manière touchante, je supplie Votre Majesté d'ajouter une nouvelle grâce à celle qu'elle vient de me faire, c'est de vouloir bien me faire connaître quel est mon crime. – Quel est ton crime, perfide ! répondit le sultan ; ne le sais-tu pas ? Monte jusqu'ici, continua-t-il, je te le ferai connaître. »

Aladdin monta, et, quand il se fut présenté : « Suis-moi », lui dit le sultan en marchant devant lui sans le regarder. Il le mena jusqu'au cabinet ouvert, et, quand il fut arrivé à la porte : « Entre, lui dit le sultan ; tu dois savoir où était ton palais ; regarde de tous côtés, et dis-moi ce qu'il est devenu. »

Aladdin regarde, et ne voit rien ; il s'aperçoit bien de tout le terrain que son palais occupait ; mais, comme il ne pouvait deviner comment il avait pu disparaître, cet événement extraordinaire et surprenant le mit dans une confusion et dans un étonnement qui l'empêchèrent de pouvoir répondre un seul mot au sultan.

Le sultan impatient : « Dis-moi donc, répéta-t-il à Aladdin, où est ton palais et où est ma fille. » Alors Aladdin rompit le silence. « Sire, dit-il, je vois bien, et je l'avoue, que le palais que j'ai fait bâtir n'est plus à la place où il était ; je vois qu'il a disparu, et je ne puis dire aussi à Votre Majesté où il peut être ; mais je puis l'assurer que je n'ai aucune part à cet événement.

– Je ne me mets pas en peine de ce que ton palais est devenu, reprit le sultan, j'estime ma fille un million de fois davantage. Je veux que tu me la retrouves, autrement je te ferai couper la tête, et nulle considération ne m'en empêchera.

– Sire, repartit Aladdin, je supplie Votre Majesté de m'accorder quarante jours pour faire mes diligences ; et, si dans cet intervalle je n'y réussis pas, je lui donne ma parole que j'apporterai ma tête au pied de son trône afin qu'elle en dispose à sa volonté. – Je t'accorde les quarante jours que tu me demandes, lui dit le sultan ; mais ne crois pas abuser de la grâce que je te fais, en pensant échapper à mon ressentiment : en quelque endroit de la terre que tu puisses être, je saurai bien te retrouver. »

Aladdin s'éloigna de la présence du sultan dans une grande humiliation et dans un état à faire pitié ; il passa au travers des cours du palais la tête baissée, sans oser lever les yeux dans la confusion où il était ; et les principaux officiers de la cour, dont il n'avait pas désobligé un seul, quoique amis, au lieu de s'approcher de lui pour le consoler ou pour lui offrir une retraite chez eux, lui tournèrent le dos, autant pour ne le pas voir qu'afin qu'il ne pût pas les reconnaître. Mais, quand ils se fussent approchés de lui pour lui dire quelque chose de consolant, ou pour lui faire offre de service, ils n'eussent plus reconnu Aladdin ; il ne se reconnaissait pas lui-même, et il n'avait plus la liberté de son esprit. Il le fit bien connaître quand il fut hors du palais : car, sans penser à ce qu'il faisait, il demandait de porte en porte, et à tous ceux qu'il rencontrait, si l'on n'avait pas vu son palais, ou si on ne pouvait pas lui en dire des nouvelles.

Ces demandes firent croire à tout le monde qu'Aladdin avait perdu l'esprit. Quelques-uns n'en firent que rire ; mais les gens les plus raisonnables, et particulièrement ceux qui avaient eu quelque liaison d'amitié et de commerce avec lui, en furent véritablement touchés de compassion. Il demeura trois jours dans la ville, en allant tantôt d'un côté, tantôt d'un autre, et en ne mangeant que ce qu'on lui présentait par charité, et sans prendre aucune résolution.

Enfin, comme il ne pouvait plus, dans l'état malheureux où il se voyait, rester dans une ville où il avait fait une si belle figure, il en sortit, et il prit le chemin de la campagne. Il se détourna des grandes routes ; et, après avoir traversé plusieurs campagnes dans une incertitude affreuse, il arriva enfin, à l'entrée de la nuit, au bord d'une rivière. Là, il lui prit une pensée de désespoir. « Où irai-je chercher mon palais ? dit-il en lui-même. En quelle province, en quel pays, en quelle partie du monde le trouverai-je, aussi bien que ma chère princesse que le sultan me demande ? Jamais je n'y réussirai ; il vaut donc mieux que je me délivre de tant de fatigues qui n'aboutiraient à rien, et de tous les chagrins cuisants qui me rongent. » Il allait se jeter dans la rivière, selon la résolution qu'il venait de prendre ; mais il crut, en bon musulman fidèle à sa religion, qu'il ne devait pas le faire sans avoir auparavant fait sa prière. En voulant s'y préparer, il s'approcha du bord de l'eau pour se laver les mains et le visage, suivant la coutume du pays ; mais, comme cet endroit était un peu en pente, et mouillé par l'eau qui y battait, il glissa ; et il serait tombé dans la rivière, s'il ne se fût retenu à un petit roc élevé hors de terre environ de deux pieds. Heureusement pour lui il portait encore l'anneau que le magicien africain lui avait mis au doigt avant qu'il descendît dans le souterrain pour aller enlever la précieuse lampe qui venait de lui être enlevée. Il frotta cet anneau assez fortement contre le roc en se retenant ; dans l'instant le même génie qui lui était apparu dans ce souterrain où le magicien africain l'avait enfermé lui apparut encore. *Que veux-tu ?* lui dit le génie ; *me voici prêt à t'obéir comme ton esclave et de tous ceux qui ont l'anneau au doigt, moi et les autres esclaves de l'anneau.*

Aladdin, agréablement surpris par une apparition si peu attendue dans le désespoir où il était, répondit : « Génie, sauve-moi la vie une seconde fois, en m'enseignant où est le palais que j'ai fait bâtir, ou en faisant qu'il soit rapporté incessamment où il était. – Ce que tu me demandes, reprit le génie, n'est pas de mon ressort : je ne suis esclave que de l'anneau, adresse-toi à l'esclave de la lampe. – Si cela est, repartit Aladdin, je te commande donc par la puissance de l'anneau de me transporter jusqu'au lieu où est mon palais, en quelque endroit de la terre qu'il soit, et de me poser sous les fenêtres de la princesse Badroulboudour. » A peine eut-il achevé de parler que le génie le transporta en Afrique, au milieu d'une grande prairie où était le palais, peu éloigné d'une grande ville, et le posa précisément au-dessous des fenêtres de l'appartement de la princesse, où il le laissa. Tout cela se fit en un instant.

Nonobstant l'obscurité de la nuit, Aladdin reconnut fort bien son palais et l'appartement de la princesse Badroulboudour ; mais, comme la nuit était avancée et que tout était tranquille dans le palais, il se retira un peu à l'écart, et il s'assit au pied d'un arbre. Là, rempli d'espérance, en faisant réflexion à son bonheur, dont il était redevable à un pur hasard, il se trouva dans une situation beaucoup plus paisible que depuis qu'il avait été arrêté, amené devant le sultan, et délivré du danger présent de perdre la vie. Il s'entretint quelque temps dans ces pensées agréables ; mais enfin, comme il y avait cinq ou six jours qu'il ne dormait point, il ne put s'empêcher de se laisser aller au sommeil qui l'accablait, et il s'endormit au pied de l'arbre où il était.

Le lendemain, dès que l'aurore commença à paraître, Aladdin fut éveillé agréablement, non seulement par le ramage des oiseaux qui avaient passé la nuit sur l'arbre sous lequel il était couché, mais même sur les arbres touffus du jardin de son palais. Il jeta d'abord les yeux sur cet admirable édifice, et alors il se sentit une joie inexprimable d'être sur le point de s'en revoir bientôt le maître, et en même temps de posséder encore une fois sa chère princesse Badroulboudour. Il se leva, et se rapprocha de l'appartement de la princesse. Il se promena quelque temps sous ses fenêtres, en attendant qu'il fût jour chez elle et qu'on pût l'apercevoir. Dans cette attente, il cherchait en lui-même d'où pouvait être venue la cause de son malheur ; et, après avoir bien rêvé, il ne douta plus que toute son infortune ne vînt d'avoir quitté sa lampe de vue. Il s'accusa lui-même de négligence et du peu de soin qu'il avait eu de ne s'en pas dessaisir un seul moment. Ce qui l'embarrassait davantage, c'est qu'il ne pouvait s'imaginer qui était le jaloux de son bonheur. Il l'eût compris d'abord, s'il eût su que lui et son palais se trouvaient alors en Afrique ; mais le génie esclave de l'anneau ne lui en avait rien dit ; il ne s'en était point informé lui-même. Le seul nom de l'Afrique lui eût rappelé dans sa mémoire le magicien africain, son ennemi déclaré.

La princesse Badroulboudour se levait plus matin qu'elle n'avait coutume depuis son enlèvement et son transport en Afrique par l'artifice du magicien africain, dont jusqu'alors elle avait été contrainte de supporter la vue une fois chaque jour, parce qu'il était maître du palais ; mais elle l'avait traité si durement chaque fois qu'il n'avait encore osé prendre la hardiesse de s'y loger. Quand elle fut habillée, une de ses femmes, en regardant au travers d'une jalousie, aperçoit Aladdin. Elle court aussitôt en avertir sa maîtresse. La princesse, qui ne pouvait croire cette nouvelle, vient vite se présenter à la fenêtre, et aperçoit Aladdin. Elle ouvre la jalousie. Au bruit que la princesse fait en l'ouvrant, Aladdin lève la tête ; il la reconnaît, et il la salue d'un air qui exprimait l'excès de sa joie. « Pour ne pas perdre de temps, lui dit la princesse, on est allé vous ouvrir la porte secrète ; entrez et montez. » Et elle referma la jalousie.

La porte secrète était au-dessous de l'appartement de la princesse ; elle se trouva ouverte, et Aladdin monta à l'appartement de la princesse. Il n'est pas possible d'exprimer la joie que ressentirent ces deux époux de se revoir après s'être crus séparés pour jamais. Ils s'embrassèrent plusieurs fois, et se donnèrent toutes les marques d'amour et de tendresse qu'on peut s'imaginer, après une séparation aussi triste et aussi peu attendue que la leur. Après ces embrassements mêlés de larmes de joie, ils s'assirent ; et Aladdin, en prenant la parole : « Princesse, dit-il, avant de vous entretenir de toute autre chose, je vous supplie au nom de Dieu, autant pour votre propre intérêt et pour celui du sultan votre respectable père que pour le mien en particulier, de me dire ce qu'est devenue une vieille lampe que j'avais mise sur la corniche du salon à vingt-quatre croisées, avant d'aller à la chasse.

– Ah ! cher époux ! répondit la princesse, je m'étais bien doutée que notre malheur réciproque venait de cette lampe ; et ce qui me désole, c'est que j'en suis la cause moi-même !

– Princesse, reprit Aladdin, ne vous en attribuez pas la cause, elle est toute sur moi, et je devais avoir été plus soigneux de la conserver : ne songeons qu'à réparer cette perte, et pour cela faites-moi la grâce de me raconter comment la chose s'est passée, et en quelles mains elle est tombée. »

Alors la princesse Badroulboudour raconta à Aladdin ce qui s'était passé dans l'échange de la lampe vieille pour la neuve, qu'elle fit apporter afin qu'il la vît ; et comme la nuit suivante, après s'être aperçue du transport du palais, elle s'était trouvée le matin dans le pays inconnu où elle lui parlait, et qui était l'Afrique : particularité qu'elle avait apprise de la bouche même du traître qui l'y avait fait transporter par son art magique.

« Princesse, dit Aladdin en l'interrompant, vous m'avez fait connaître le traître en me marquant que je suis en Afrique avec vous. Il est le plus perfide de tous les hommes. Mais ce n'est ni le temps ni le lieu de vous faire une peinture plus ample de ses méchancetés. Je vous prie seulement de me dire ce qu'il a fait de la lampe, et où il l'a mise.

– Il la porte dans son sein, enveloppée bien précieusement, reprit la princesse, et je puis en rendre témoignage, puisqu'il l'en a tirée et l'a développée en ma présence, pour m'en faire un trophée.

– Ma princesse, dit alors Aladdin, ne me sachez pas mauvais gré de tant de demandes dont je vous fatigue : elles sont également importantes pour vous et pour moi. Pour venir à ce qui m'intéresse plus particulièrement, apprenez-moi, je vous en conjure, comment vous vous trouvez du traitement d'un homme aussi méchant et aussi perfide.

– Depuis que je suis en ce lieu, reprit la princesse, il ne s'est présenté devant moi qu'une fois chaque jour, et je suis bien persuadée que le peu de satisfaction qu'il tire de ses visites fait qu'il ne m'importune pas plus souvent. Tous les discours qu'il me tient chaque fois ne tendent qu'à me persuader de rompre la foi que je vous ai donnée, et de le prendre pour époux, en voulant me faire entendre que je ne dois pas espérer de vous revoir jamais, que vous ne vivez plus, et que le sultan mon père vous a fait couper la tête. Il ajoute, pour se justifier, que vous êtes un ingrat, que votre fortune n'est venue que de lui, et mille autres choses que je lui laisse dire. Et, comme il ne reçoit de moi pour réponse que mes plaintes douloureuses et mes larmes, il est contraint de se retirer aussi peu satisfait que quand il arrive. Je ne doute pas néanmoins que son intention ne soit de laisser passer mes plus vives douleurs, dans l'espérance que je changerai de sentiment, et à la fin d'user de violence si je persévère à lui faire résistance. Mais, cher époux, votre présence a déjà dissipé mes inquiétudes.

– Princesse, interrompit Aladdin, j'ai confiance que ce n'est pas en vain, puisqu'elles sont dissipées, et que je crois avoir trouvé le moyen de vous délivrer de votre ennemi et du mien. Mais pour cela il est nécessaire que j'aille à la ville. Je serai de retour vers le midi, et alors je vous communiquerai quel est mon dessein, et ce qu'il faudra que vous fassiez pour contribuer à le faire réussir. Mais, afin que vous en soyez avertie, ne vous étonnez pas de me voir revenir avec un autre habit, et donnez ordre qu'on ne me fasse pas attendre à la porte secrète au premier coup que je frapperai. »

La princesse lui promit qu'on l'attendrait à la porte, et que l'on serait prompt à lui ouvrir.

Quand Aladdin fut descendu de l'appartement de la princesse et qu'il fut sorti par la même porte, il regarda de côté et d'autre, et il aperçut un paysan qui prenait le chemin de la campagne.

Comme le paysan allait au-delà du palais, et qu'il était un peu éloigné, Aladdin pressa le pas ; et quand il l'eut joint il lui proposa de changer d'habit, et il fit tant que le paysan y consentit. L'échange se fit à la faveur d'un buisson ; et, quand ils se furent séparés, Aladdin prit le chemin de la ville. Dès qu'il y fut rentré, il enfila la rue qui aboutissait à la porte, et, se détournant par les rues les plus fréquentées, il arriva à l'endroit où chaque sorte de marchands et d'artisans avait sa rue particulière. Il entra dans celle des droguistes, et, en s'adressant à la boutique la plus grande et la mieux fournie, il demanda au marchand s'il avait une certaine poudre qu'il lui nomma.

Le marchand, qui s'imagina qu'Aladdin était pauvre, à le regarder par son habit, et qu'il n'avait pas assez d'argent pour la payer, lui dit qu'il en avait, mais qu'elle était chère. Aladdin pénétra dans la pensée du marchand ; il tira sa bourse, et, en faisant voir de l'or, il demanda une demi-dragme de cette poudre. Le marchand la pesa, l'enveloppa, et en la présentant à Aladdin il en demanda une pièce d'or. Aladdin la lui mit entre les mains, et, sans s'arrêter dans la ville qu'autant de temps qu'il en fallut pour prendre un peu de nourriture, il revint à son palais. Il n'attendit pas à la porte secrète : elle lui fut ouverte d'abord, et il monta à l'appartement de la princesse Badroulboudour. « Princesse, lui dit-il, l'aversion que vous avez pour votre ravisseur, comme vous me l'avez témoigné, fera peut-être que vous aurez de la peine à suivre le conseil que j'ai à vous donner. Mais permettez-moi de vous dire qu'il est à propos que vous dissimuliez, et même que vous vous fassiez violence, si vous voulez vous délivrer de sa persécution, et donner au sultan votre père et mon seigneur la satisfaction de vous revoir. Si vous voulez donc suivre mon conseil, continua Aladdin, vous commencerez dès à présent à vous habiller d'un de vos plus beaux habits ; et, quand le magicien africain viendra, ne faites pas difficulté de le recevoir avec tout le bon accueil possible, sans affectation et sans contrainte, avec un visage ouvert, de manière néanmoins que, s'il y reste quelque nuage d'affliction, il puisse apercevoir qu'il se dissipera avec le temps. Dans la conversation, donnez-lui à connaître que vous faites vos efforts pour m'oublier ; et, afin qu'il soit persuadé davantage de votre sincérité, invitez-le à souper avec vous, et marquez-lui que vous seriez bien aise de goûter du meilleur vin de son pays : il ne manquera pas de vous quitter pour en aller chercher. Alors, en attendant qu'il revienne, quand le buffet sera mis, mettez dans un des gobelets pareils à celui dans lequel vous avez coutume de boire la poudre que voici ; et, en le mettant à part, avertissez celle de vos femmes qui vous donne à boire de vous l'apporter plein de vin au signal que vous lui ferez, dont vous conviendrez avec elle, et de prendre bien garde de ne pas se tromper. Quand le magicien sera revenu et que vous serez à table, après avoir mangé et bu autant de coups que vous le jugerez à propos, faites-vous apporter le gobelet où sera la poudre et changez votre gobelet avec le sien ; il trouvera la faveur que vous lui ferez si grande qu'il ne la refusera pas : il boira même sans rien laisser dans le gobelet ; et à peine l'aura-t-il vidé que vous le verrez tomber à la renverse. Si vous avez de la répugnance à boire dans son gobelet, faites semblant de boire, vous le pouvez sans crainte : l'effet de la poudre sera si prompt qu'il n'aura pas le temps de faire réflexion si vous buvez ou si vous ne buvez pas. »

Quand Aladdin eut achevé : « Je vous avoue, lui dit la princesse, que je me fais une grande violence en consentant de faire au magicien les avances que je vois bien qu'il est nécessaire que je fasse ; mais quelle résolution ne peut-on pas prendre contre un cruel ennemi ! Je ferai donc ce que vous me conseillez, puisque de là mon repos ne dépend pas moins que le vôtre. » Ces mesures prises avec la princesse, Aladdin prit congé d'elle, et il alla passer le reste du jour aux environs du palais, en attendant la nuit pour se rapprocher de la porte secrète.

La princesse Badroulboudour, inconsolable non seulement de se voir séparée d'Aladdin, son cher époux, qu'elle avait aimé d'abord, et qu'elle continuait d'aimer encore, plus par inclination que par devoir, mais même d'avec le sultan son père qu'elle chérissait, et dont elle était tendrement aimée, était toujours demeurée dans une grande négligence de sa personne depuis le moment de cette douloureuse séparation. Elle avait même, pour ainsi dire, oublié la propreté qui sied si bien aux personnes de son sexe, particulièrement après que le magicien africain se fut présenté à elle la première fois, et qu'elle eut appris par ses femmes, qui l'avaient reconnu, que c'était lui qui avait pris la vieille lampe en échange de la neuve, et que par cette fourberie insigne il lui fut devenu en horreur. Mais l'occasion d'en prendre vengeance comme il le méritait, et plus tôt qu'elle n'avait osé l'espérer, fit qu'elle résolut de contenter Aladdin. Ainsi, dès qu'il se fut retiré, elle se mit à sa toilette, se fit coiffer par ses femmes de la manière qui lui était la plus avantageuse, et elle prit un habit le plus riche et le plus convenable à son dessein. La ceinture dont elle se ceignit n'était qu'or et que diamants enchâssés, les plus gros et les mieux assortis ; et elle accompagna la ceinture d'un collier de perles seulement, dont les six de chaque côté étaient d'une telle proportion avec celle du milieu, qui était la plus grosse et la plus précieuse, que les plus grandes sultanes et les plus grandes reines se seraient estimées heureuses d'en avoir un complet de la grosseur des deux plus petites de celui de la princesse. Les bracelets, entremêlés de diamants et de rubis, répondaient merveilleusement bien à la richesse de la ceinture et du collier.

Quand la princesse Badroulboudour fut entièrement habillée, elle consulta son miroir, prit l'avis de ses femmes sur tout son ajustement ; et, après qu'elle eut vu qu'il ne lui manquait aucun des charmes qui pouvaient flatter la folle passion du magicien africain, elle s'assit sur son sofa en attendant qu'il arrivât.

Le magicien ne manqua pas de venir à son heure ordinaire. Dès que la princesse le vit entrer dans son salon aux vingt-quatre croisées où elle l'attendait, elle se leva avec tout son appareil de beauté et de charmes, et elle lui montra de la main la place honorable où elle attendait qu'il se mît, pour s'asseoir en même temps que lui : civilité distinguée qu'elle ne lui avait pas encore faite.

Le magicien africain, plus ébloui de l'éclat des beaux yeux de la princesse que du brillant des pierreries dont elle était ornée, fut fort surpris. Son air majestueux, et un certain air gracieux dont elle l'accueillait, si opposé aux rebuts avec lesquels elle l'avait reçu jusqu'alors, le rendirent confus. D'abord il voulut prendre place sur le bord du sofa ; mais, comme il vit que la princesse ne voulait pas s'asseoir dans la sienne qu'il ne se fût assis où elle souhaitait, il obéit.

Quand le magicien africain fut placé, la princesse, pour le tirer de l'embarras où elle le voyait, prit la parole en le regardant d'une manière à lui faire croire qu'il ne lui était plus odieux comme elle l'avait fait paraître auparavant, et elle lui dit : « Vous vous étonnerez sans doute de me voir aujourd'hui tout autre que vous ne m'avez vue jusqu'à présent ; mais vous n'en serez plus surpris quand je vous dirai que je suis d'un tempérament si opposé à la tristesse, à la mélancolie, aux chagrins et aux inquiétudes, que je cherche à les éloigner le plus tôt qu'il m'est possible, dès que je trouve que le sujet en est passé. J'ai fait réflexion sur ce que vous m'avez représenté du destin d'Aladdin ; et, de l'humeur dont je connais le sultan mon père, je suis persuadée, comme vous, qu'il n'a pu éviter l'effet terrible de son courroux. Ainsi, quand je m'opiniâtrerais à le pleurer toute ma vie, je vois bien que mes larmes ne le feraient pas revivre. C'est pour cela qu'après lui avoir rendu, même jusque dans le tombeau, les devoirs que mon amour demandait que je lui rendisse, il m'a paru que je devais chercher tous les moyens de me consoler. Voilà les motifs du changement que vous voyez en moi. Pour commencer donc à éloigner tout sujet de tristesse, résolue à la bannir entièrement et persuadée que vous voudrez bien me tenir compagnie, j'ai commandé qu'on nous préparât à souper. Mais, comme je n'ai que du vin de la Chine, et que je me trouve en Afrique, il m'a pris une envie de goûter de celui qu'elle produit, et j'ai cru, s'il y en a, que vous en trouverez du meilleur. »

Le magicien africain, qui avait regardé comme une chose

impossible le bonheur de parvenir si promptement et si facilement à entrer dans les bonnes grâces de la princesse Badroulboudour, lui marqua qu'il ne trouvait pas de termes assez forts pour lui témoigner combien il était sensible à ses bontés ; et en effet, pour finir au plus tôt un entretien dont il eût eu peine à se tirer s'il s'y fût engagé plus avant, il se jeta sur le vin d'Afrique dont elle venait de lui parler, et il lui dit que, parmi les avantages dont l'Afrique pouvait se glorifier, celui de produire d'excellent vin était un des principaux, particulièrement dans la partie où elle se trouvait ; qu'il en avait une pièce de sept ans qui n'était pas encore entamée, et que, sans le trop priser, c'était un vin qui surpassait en bonté les vins les plus excellents du monde. « Si ma princesse, ajouta-t-il, veut me le permettre, j'irai en prendre deux bouteilles, et je serai de retour incessamment. – Je serais fâchée de vous donner cette peine, lui dit la princesse ; il vaudrait mieux que vous y envoyassiez quelqu'un. – Il est nécessaire que j'y aille moi-même, repartit le magicien africain : personne que moi ne sait où est la clef du magasin, et personne que moi aussi n'a le secret de l'ouvrir. – Si cela est ainsi, dit la princesse, allez donc et revenez promptement. Plus vous mettrez de temps, plus j'aurai d'impatience de vous revoir, et songez que nous nous mettrons à table dès que vous serez de retour. »

Le magicien africain, plein d'espérance de son prétendu bonheur, ne courut pas chercher son vin de sept ans, il y vola plutôt, et il revint fort promptement. La princesse, qui n'avait pas douté qu'il ne fît diligence, avait jeté elle-même la poudre qu'Aladdin lui avait apportée, dans un gobelet qu'elle avait mis à part, et elle venait de faire servir. Ils se mirent à table vis-à-vis l'un de l'autre, de manière que le magicien avait le dos tourné au buffet. En lui présentant ce qu'il y avait de meilleur, la princesse lui dit : « Si vous voulez, je vous donnerai le plaisir des instruments et des voix ; mais, comme nous ne sommes que vous et moi, il me semble que la conversation nous donnera plus de plaisir. » Le magicien regarda ce choix de la princesse pour une nouvelle faveur.

Après qu'ils eurent mangé quelques morceaux, la princesse demanda à boire. Elle but à la santé du magicien, et, quand elle eut bu : « Vous aviez raison, dit-elle, de faire l'éloge de votre vin, jamais je n'en avais bu de si délicieux. – Charmante princesse, répondit-il en tenant à la main le gobelet qu'on venait de lui présenter, mon vin acquiert une nouvelle bonté par l'approbation que vous lui donnez. – Buvez à ma santé, reprit la princesse ; vous trouverez vous-même que je m'y connais. » Il but à la santé de la princesse, et, en rendant le gobelet : « Princesse, dit-il, je me tiens heureux d'avoir réservé cette pièce pour une si bonne occasion ; j'avoue moi-même que je n'en ai bu de ma vie de si excellent en plus d'une manière. »

Quand ils eurent continué de manger et de boire trois autres coups, la princesse, qui avait achevé de charmer le magicien africain par ses honnêtetés et par ses manières tout obligeantes, donna enfin le signal à la femme qui lui donnait à boire, en disant en même temps qu'on lui apportât son gobelet plein de vin, qu'on emplît de même celui du magicien africain, et qu'on le lui présentât. Quand ils eurent chacun le gobelet à la main : « Je ne sais, dit-elle au magicien africain, comment on en use chez vous quand on s'aime bien et qu'on boit ensemble comme nous le faisons. Chez nous, à la Chine, l'amant et l'amante se présentent réciproquement à chacun leur gobelet, et de la sorte ils boivent à la santé l'un de l'autre. » En même temps elle lui présenta le gobelet qu'elle tenait, en avançant l'autre main pour recevoir le sien. Le magicien africain se hâta de faire cet échange avec d'autant plus de plaisir qu'il regarda cette faveur comme la marque la plus certaine de la conquête entière du cœur de la princesse, ce qui le mit au comble de son bonheur. Avant qu'il bût : « Princesse, dit-il le gobelet à la main, il s'en faut beaucoup que nos Africains soient aussi raffinés dans l'art d'assaisonner l'amour de tous ses agréments que les Chinois, et, en m'instruisant d'une leçon que j'ignorais, j'apprends aussi à quel point je dois être sensible à la grâce que je reçois. Jamais je n'oublierai, aimable princesse, d'avoir retrouvé, en buvant dans votre gobelet, une vie dont votre cruauté m'eût fait perdre l'espérance, si elle eût continué. »

La princesse Badroulboudour, qui s'ennuyait du discours

à perte de vue du magicien africain : « Buvons, dit-elle en l'interrompant ; vous reprendrez après ce que vous voulez me dire. » En même temps elle porta à la bouche le gobelet qu'elle ne toucha que du bout des lèvres, pendant que le magicien africain se pressa si fort de la prévenir qu'il vida le sien sans en laisser une goutte. En achevant de le vider, comme il avait un peu penché la tête en arrière pour montrer sa diligence, il demeura quelque temps en cet état, jusqu'à ce que la princesse, qui avait toujours le bord du gobelet sur ses lèvres, vît que les yeux lui tournaient, et qu'il tombât sur le dos sans sentiment.

La princesse n'eut pas besoin de commander qu'on allât ouvrir la porte secrète à Aladdin. Ses femmes, qui avaient le mot, s'étaient disposées d'espace en espace depuis le salon jusqu'au bas de l'escalier, de manière que le magicien africain ne fut pas plus tôt tombé à la renverse que la porte lui fut ouverte presque dans le moment.

Aladdin monta, et il entra dans le salon. Dès qu'il eut vu le magicien africain étendu sur le sofa, il arrêta la princesse Badroulboudour qui s'était levée, et qui s'avançait pour lui témoigner sa joie en l'embrassant : « Princesse, dit-il, il n'est pas encore temps ; obligez-moi de vous retirer à votre appartement, et faites qu'on me laisse seul, pendant que je vais travailler à vous faire retourner à la Chine avec la même diligence que vous en avez été éloignée. »

En effet, quand la princesse fut hors du salon avec ses femmes et ses eunuques, Aladdin ferma la porte ; et, après qu'il se fut approché du cadavre du magicien africain, qui était demeuré sans vie, il ouvrit sa veste, et il en tira la lampe enveloppée de la manière que la princesse lui avait marquée. Il la développa, et il la frotta. Aussitôt le génie se présenta avec son compliment ordinaire. « Génie, lui dit Aladdin, je t'ai appelé pour t'ordonner, de la part de la lampe ta bonne maîtresse que tu vois, de faire que ce palais soit reporté incessamment à la Chine, au même lieu et à la même place d'où il a été apporté ici. » Le génie, après avoir marqué par une inclination de tête qu'il allait obéir, disparut. En effet le transport se fit, et on ne le sentit que par deux agitations fort légères : l'une quand il fut enlevé du lieu où il était en Afrique, et l'autre, quand il fut posé dans la Chine vis-à-vis le palais du sultan ; ce qui se fit dans un intervalle de très peu de durée.

Aladdin descendit à l'appartement de la princesse ; et alors en l'embrassant : « Princesse, dit-il, je puis vous assurer que votre joie et la mienne seront complètes demain matin. » Comme la princesse n'avait pas achevé de souper et qu'Aladdin avait besoin de manger, la princesse fit apporter du salon aux vingt-quatre croisées les mets qu'on y avait servis, et auxquels on n'avait presque pas touché. La princesse et Aladdin mangèrent ensemble, et burent du bon vin vieux du magicien africain ; après quoi, sans parler de leur entretien, qui ne pouvait être que très satisfaisant, ils se retirèrent dans leur appartement.

Depuis l'enlèvement du palais d'Aladdin et de la princesse Badroulboudour, le sultan père de cette princesse était inconsolable de l'avoir perdue, comme il se l'était imaginé. Il ne dormait presque ni nuit ni jour, et, au lieu d'éviter tout ce qui pouvait l'entretenir dans son affliction, c'était au contraire ce qu'il cherchait avec le plus de soin. Ainsi, au lieu qu'auparavant il n'allait que le matin au cabinet ouvert de son palais pour se satisfaire par l'agrément de cette vue dont il ne pouvait se rassasier, il y allait plusieurs fois le jour renouveler ses larmes, et se plonger de plus en plus dans ses profondes douleurs par l'idée de ne voir plus ce qui lui avait tant plu et d'avoir perdu ce qu'il avait de plus cher au monde. L'aurore ne faisait que de paraître, lorsque le sultan vint à ce cabinet, le même matin que le palais d'Aladdin venait d'être rapporté à sa place. En entrant, il était si recueilli en lui-même et si pénétré de sa douleur qu'il jeta les yeux d'une manière triste du côté de la place où il ne croyait voir que l'air vide sans apercevoir le palais. Mais, comme il vit que ce vide était rempli, il s'imagina d'abord que c'était l'effet d'un brouillard. Il regarde avec plus d'attention, et il connaît à n'en pas douter que c'était le palais d'Aladdin. Alors la joie et l'épanouissement du cœur succédèrent aux chagrins et à la tristesse. Il retourne à son appartement en pressant le pas, et il commande qu'on lui selle et qu'on lui amène un cheval. On le lui amène, il le monte, il part, et il lui semble qu'il n'arrivera pas assez tôt au palais d'Aladdin.

Aladdin, qui avait prévu ce qui pouvait arriver, s'était levé dès la petite pointe du jour, et, dès qu'il eut pris un des habits les plus magnifiques de sa garde-robe, il était monté au salon aux vingt-quatre croisées, d'où il aperçut que le sultan venait. Il descendit, et il fut assez à temps pour le recevoir au bas du grand escalier et l'aider à mettre pied à terre. « Aladdin, lui dit le sultan, je ne puis vous parler que je n'aie vu et embrassé ma fille. »

Aladdin conduisit le sultan à l'appartement de la princesse Badroulboudour ; et la princesse, qu'Aladdin, en se levant, avait avertie de se souvenir qu'elle n'était plus en Afrique, mais dans la Chine et dans la ville capitale du sultan son père, voisine de son palais, venait d'achever de s'habiller. Le sultan l'embrassa à plusieurs fois, le visage baigné de larmes de joie, et la princesse, de son côté, lui donna toutes les marques du plaisir extrême qu'elle avait de le revoir.

Le sultan fut quelque temps sans pouvoir ouvrir la bouche pour parler, tant il était attendri d'avoir retrouvé sa chère fille, après l'avoir pleurée sincèrement comme perdue ; et la princesse, de son côté, était tout en larmes de la joie de revoir le sultan son père.

Le sultan prit enfin la parole. « Ma fille, dit-il, je veux croire que c'est la joie que vous avez de me revoir qui fait que vous me paraissez aussi peu changée que s'il ne vous était rien arrivé de fâcheux. Je suis persuadé néanmoins que vous avez beaucoup souffert. On n'est pas transporté dans un palais tout entier, aussi subitement que vous l'avez été, sans de grandes alarmes et de terribles angoisses. Je veux que vous me racontiez ce qui en est, et que vous ne me cachiez rien. »

La princesse se fit un plaisir de donner au sultan son père la satisfaction qu'il demandait. « Sire, dit la princesse, si je parais si peu changée, je supplie Votre Majesté de considérer que je commençai à respirer dès hier de grand matin par la présence d'Aladdin, mon cher époux et mon libérateur, que j'avais regardé et pleuré comme perdu pour moi, et que le bonheur que je viens d'avoir de l'embrasser me remet à peu près dans la même assiette qu'auparavant. Toute ma peine néanmoins, à proprement parler, n'a été que de me voir arrachée à Votre Majesté et à mon cher époux, non seulement par rapport à mon inclination à l'égard de mon époux, mais même par l'inquiétude où j'étais sur les tristes effets du courroux de Votre Majesté, auquel je ne doutais pas qu'il ne dût être exposé, tout innocent qu'il était. J'ai moins souffert de l'insolence de mon ravisseur qui m'a tenu des discours qui ne me plaisaient pas. Je les ai arrêtés par l'ascendant que j'ai su prendre sur lui. D'ailleurs j'étais aussi peu contrainte que je le suis présentement. Pour ce qui regarde le fait de mon enlèvement, Aladdin n'y a aucune part : j'en suis la cause moi seule, mais très innocente. »

Pour persuader au sultan qu'elle disait la vérité, elle lui fit le détail du déguisement du magicien africain en marchand de lampes neuves à changer contre des vieilles, et du divertissement qu'elle s'était donné en faisant l'échange de la lampe d'Aladdin dont elle ignorait le secret et l'importance ; de l'enlèvement du palais et de sa personne après cet échange, et du transport de l'un et de l'autre en Afrique avec le magicien africain qui avait été reconnu par deux de ses femmes et par l'eunuque qui avait fait l'échange de la lampe, quand il avait pris la hardiesse de venir se présenter à elle la première fois après le succès de son audacieuse entreprise, et de lui faire la proposition de l'épouser ; enfin, de la persécution qu'elle avait soufferte jusqu'à l'arrivée d'Aladdin ; des mesures qu'ils avaient prises conjointement pour lui enlever la lampe qu'il portait sur lui ; comment ils y avaient réussi, elle particulièrement, en prenant le parti de dissimuler avec lui, et enfin de l'inviter à souper avec elle, jusqu'au gobelet mixtionné qu'elle lui avait présenté. « Quant au reste, ajouta-t-elle, je laisse à Aladdin à vous en rendre compte. »

Aladdin eut peu de choses à dire au sultan. « Quand, dit-il, on m'eut ouvert la porte secrète, que j'eus monté au salon aux vingt-quatre croisées, et que j'eus vu le traître étendu mort sur le sofa par la violence de la poudre ; comme il ne convenait pas que la princesse restât davantage, je la priai de descendre à son appartement avec ses femmes et ses eunuques. Je restai seul ; et, après avoir tiré la lampe du sein du magicien, je me servis du même secret dont il s'était servi pour enlever ce palais en ravissant la princesse. J'ai fait en sorte que le palais se trouve en sa place, et j'ai eu le bonheur de ramener la princesse à Votre Majesté, comme elle me l'avait commandé. Je n'en impose pas à Votre Majesté ; et, si elle veut se donner la peine de monter au salon, elle verra le magicien puni comme il le méritait. »

Pour s'assurer entièrement de la vérité, le sultan se leva et monta ; et, quand il eut vu le magicien africain mort, le visage déjà livide par la violence du poison, il embrassa Aladdin avec beaucoup de tendresse, en lui disant : « Mon fils, ne me sachez pas mauvais gré du procédé dont j'ai usé contre vous ; l'amour paternel m'y a forcé, et je mérite que vous me pardonniez l'excès où je me suis porté. – Sire, reprit Aladdin, je n'ai pas le moindre sujet de plainte contre la conduite de Votre Majesté, elle n'a fait que ce qu'elle devait faire. Ce magicien, cet infâme, ce dernier des hommes, est la cause unique de ma disgrâce. Quand Votre Majesté en aura le loisir, je lui ferai le récit d'une autre malice qu'il m'a faite, non moins noire que celle-ci, dont j'ai été préservé par une grâce de Dieu toute particulière. – Je prendrai ce loisir exprès, repartit le sultan, et bientôt. Mais songeons à nous réjouir, et faites ôter cet objet odieux. »

Aladdin fit enlever le cadavre du magicien africain, avec ordre de le jeter à la voirie pour servir de pâture aux animaux et aux oiseaux. Le sultan cependant, après avoir commandé que les tambours, les timbales, les trompettes et les autres instruments annonçassent la joie publique, fit proclamer une fête de dix jours en réjouissance du retour de la princesse Badroulboudour et d'Aladdin avec son palais.

C'est ainsi qu'Aladdin échappa pour la seconde fois du danger presque inévitable de perdre la vie ; mais ce ne fut pas le dernier, il en courut un troisième dont nous allons rapporter les circonstances.

Le magicien africain avait un frère cadet qui n'était pas

moins habile que lui dans l'art magique ; on peut même dire qu'il le surpassait en méchanceté et en artifices pernicieux. Comme ils ne demeuraient pas toujours ensemble ou dans la même ville, et que souvent l'un se trouvait au levant pendant que l'autre était au couchant, chacun de son côté, ils ne manquaient pas chaque année de s'instruire, par la géomance, en quelle partie du monde ils étaient, en quel état ils se trouvaient, et s'ils n'avaient pas besoin du secours l'un de l'autre.

Quelque temps après que le magicien africain eut succombé dans son entreprise contre le bonheur d'Aladdin, son cadet, qui n'avait pas eu de ses nouvelles depuis un an, et qui n'était pas en Afrique, mais dans un pays très éloigné, voulut savoir en quel endroit de la terre il était, comment il se portait, et ce qu'il y faisait. En quelque lieu qu'il allât, il portait toujours avec lui son carré géomantique aussi bien que son frère. Il prend ce carré, il accommode le sable, il jette les points, il en tire les figures, et enfin il forme l'horoscope. En parcourant chaque maison, il trouve que son frère n'était plus au monde ; dans une autre maison, qu'il avait été empoisonné, et qu'il était mort subitement ; et dans une autre, que c'était dans une capitale de la Chine située en tel endroit ; et enfin, que celui par qui il avait été empoisonné était un homme de basse naissance, qui avait épousé une princesse fille d'un sultan.

Quand le magicien eut appris de la sorte quelle avait été la triste destinée de son frère, il ne perdit pas de temps en des regrets qui ne lui eussent pas redonné la vie. La résolution prise sur-le-champ de venger sa mort, il monte à cheval, et il se met en chemin en prenant sa route vers la Chine. Il traverse plaines, rivières, montagnes, déserts ; et, après une longue traite, sans s'arrêter en aucun endroit, avec des fatigues incroyables, il arriva enfin à la Chine, et peu de temps après à la capitale que la géomance lui avait enseignée. Certain qu'il ne s'était pas trompé, et qu'il n'avait pas pris un royaume pour un autre, il s'arrête dans cette capitale et il y prend logement.

Le lendemain de son arrivée, le magicien sort ; et, en se promenant par la ville, non pas tant pour en remarquer les beautés, qui lui étaient fort indifférentes, que dans l'intention de commencer à prendre des mesures pour l'exécution de son dessein pernicieux, il s'introduit dans les lieux les plus fréquentés, et il prête l'oreille à ce que l'on disait. Dans un lieu où l'on passait le temps à jouer à plusieurs sortes de jeux, et où, pendant que les uns jouaient, d'autres s'entretenaient, les uns des nouvelles et des affaires du temps, d'autres de leurs propres affaires, il entendit qu'on s'entretenait et qu'on racontait des merveilles de la vertu et de la piété d'une femme retirée du monde, nommée Fatime, et même de ses miracles. Comme il crut que cette femme pouvait lui être utile à quelque chose dans ce qu'il méditait, il prit à part un de ceux de la compagnie, et il le pria de vouloir bien lui dire plus particulièrement quelle était cette sainte femme, et quelle sorte de miracles elle faisait.

« Quoi ! lui dit cet homme, vous n'avez pas encore vu cette femme ni entendu parler d'elle ? Elle fait l'admiration de toute la ville par ses jeûnes, par ses austérités et par le bon exemple qu'elle donne. A la réserve du lundi et du vendredi, elle ne sort pas de son petit ermitage ; et, les jours qu'elle se fait voir par la ville, elle fait des biens infinis, et il n'y a personne affligé du mal de tête qui ne reçoive la guérison par l'imposition de ses mains. »

Le magicien ne voulut pas en savoir davantage sur cet article ; il demanda seulement au même homme en quel quartier de la ville était l'ermitage de cette sainte femme. Cet homme le lui enseigna ; sur quoi, après avoir conçu et arrêté le dessein détestable dont nous allons parler bientôt, afin de le savoir plus sûrement, il observa toutes ses démarches le premier jour qu'elle sortit, après avoir fait cette enquête, sans la perdre de vue jusqu'au soir qu'il la vit rentrer dans son ermitage. Quand il eut bien remarqué l'endroit, il se retira dans un des lieux que nous avons dits, où l'on buvait d'une certaine boisson chaude, et où l'on pouvait passer la nuit si l'on voulait, particulièrement dans les grandes chaleurs, que l'on aime mieux en ces pays-là coucher sur la natte que dans un lit.

Le magicien, après avoir contenté le maître du lieu en lui

payant le peu de dépense qu'il avait faite, sortit vers le minuit, et alla droit à l'ermitage de Fatime la sainte femme, nom sous lequel elle était connue dans toute la ville. Il n'eut pas de peine à ouvrir la porte : elle n'était fermée qu'avec un loquet ; il la referma sans faire de bruit quand il fut entré, et il aperçut Fatime à la clarté de la lune, couchée à l'air, et qui dormait sur un sofa garni d'une méchante natte, et appuyée contre sa cellule. Il s'approcha d'elle, et, après avoir tiré un poignard qu'il portait au côté, il l'éveilla.

En ouvrant les yeux, la pauvre Fatime fut fort étonnée de voir un homme prêt à la poignarder. En lui appuyant le poignard contre le cœur, prêt à le lui enfoncer : « Si tu cries, dit-il, ou si tu fais le moindre bruit, je te tue ; mais lève-toi, et fais ce que je te dirai. »

Fatime, qui était couchée dans son habit, se leva en tremblant de frayeur. « Ne crains pas, lui dit le magicien, je ne demande que ton habit, donne-le-moi et prends le mien. » Ils firent l'échange d'habits ; et, quand le magicien se fut habillé de celui de Fatime, il lui dit : « Colore-moi le visage comme le tien, de manière que je te ressemble, et que la couleur ne s'efface pas. » Comme il vit qu'elle tremblait encore, pour la rassurer, et afin qu'elle fît ce qu'il souhaitait avec plus d'assurance, il lui dit : « Ne crains pas, te dis-je encore une fois, je te jure par le nom de Dieu que je te donne la vie. » Fatime le fit entrer dans sa cellule ; elle alluma sa lampe ; et, en prenant d'une certaine liqueur dans un vase avec un pinceau, elle lui en frotta le visage, et elle lui assura que la couleur ne changerait pas et qu'il avait le visage de la même couleur qu'elle, sans différence. Elle lui mit ensuite sa propre coiffure sur la tête, avec un voile, dont elle lui enseigna comment il fallait qu'il s'en cachât le visage en allant par la ville. Enfin, après qu'elle lui eut mis autour du cou un gros chapelet qui lui pendait par-devant jusqu'au milieu du corps, elle lui mit à la main le même bâton qu'elle avait coutume de porter ; et, en lui présentant un miroir : « Regardez, dit-elle, vous verrez que vous me ressemblez on ne peut pas mieux. » Le magicien se trouva comme il l'avait souhaité ; mais il ne tint pas à la bonne Fatime le serment qu'il lui avait fait si solennellement. Afin qu'on ne vît pas de sang en la perçant de son poignard, il l'étrangla ; et, quand il vit qu'elle avait rendu l'âme, il traîna son cadavre par les pieds jusqu'à la citerne de l'ermitage, et il la jeta dedans.

Le magicien, déguisé ainsi en Fatime la sainte femme, passa le reste de la nuit dans l'ermitage, après s'être souillé d'un meurtre si détestable. Le lendemain matin, à une heure ou deux de jour, quoique dans un jour que la sainte femme n'avait pas coutume de sortir, il ne laissa pas de le faire, bien persuadé qu'on ne l'interrogerait pas là-dessus, et, au cas qu'on l'interrogeât, prêt à répondre. Comme une des premières choses qu'il avait faites en arrivant avait été d'aller reconnaître le palais d'Aladdin, et que c'était là qu'il avait projeté de jouer son rôle, il prit son chemin de ce côté-là.

Dès qu'on eut aperçu la sainte femme, comme tout le peuple se l'imagina, le magicien fut bientôt environné d'une grande affluence de monde. Les uns se recommandaient à ses prières, d'autres lui baisaient la main, d'autres, plus réservés, ne lui baisaient que le bas de sa robe ; et d'autres, soit qu'ils eussent mal à la tête, ou que leur intention fût seulement d'en être préservés, s'inclinaient devant lui afin qu'il leur imposât les mains ; ce qu'il faisait en marmottant quelques paroles en guise de prière ; et il imitait si bien la sainte femme que tout le monde le prenait pour elle. Après s'être arrêté souvent pour satisfaire ces sortes de gens qui ne recevaient ni bien ni mal de cette sorte d'imposition de mains, il arriva enfin dans la place du palais d'Aladdin, où, comme l'affluence fut plus grande, l'empressement fut aussi plus grand à qui s'approcherait de lui. Les plus forts et les plus zélés fendaient la foule pour se faire place ; et de là s'émurent des querelles dont le bruit se fit entendre du salon aux vingt-quatre croisées où était la princesse Badroulboudour.

La princesse demanda ce que c'était que ce bruit ; et, comme personne ne put lui en rien dire, elle commanda qu'on allât voir et qu'on vînt lui en rendre compte. Sans sortir du salon, une de ses femmes regarda par une jalousie, et elle revint lui dire que le bruit venait de la foule du monde qui environnait la sainte femme pour se faire guérir du mal de tête par l'imposition de ses mains.

La princesse, qui depuis longtemps avait entendu dire beaucoup de bien de la sainte femme, mais qui ne l'avait pas encore vue, eut la curiosité de la voir et de s'entretenir avec elle. Comme elle en eut témoigné quelque chose, le chef de ses eunuques, qui était présent, lui dit que, si elle le souhaitait, il était aisé de la faire venir, et qu'elle n'avait qu'à commander. La princesse y consentit ; et aussitôt il détache quatre eunuques, avec ordre d'amener la prétendue sainte femme.

Dès que les eunuques furent sortis de la porte du palais d'Aladdin, et qu'on eut vu qu'ils venaient du côté où était le magicien déguisé, la foule se dissipa ; et, quand il fut libre, et qu'il eut vu qu'ils venaient à lui, il fit une partie du chemin avec d'autant plus de joie qu'il voyait que sa fourberie prenait un bon chemin. Celui des eunuques qui prit la parole lui dit : « Sainte femme, la princesse veut vous voir ; venez, suivez-nous. – La princesse me fait bien de l'honneur, reprit la feinte Fatime, je suis prête à lui obéir. » Et en même temps elle suivit les eunuques, qui avaient déjà repris le chemin du palais.

Quand le magicien, qui sous un habit de sainteté cachait un cœur diabolique, eut été introduit dans le salon aux vingt-quatre croisées et qu'il eut aperçu la princesse, il débuta par une prière qui contenait une longue énumération de vœux et de souhaits pour sa santé, pour sa prospérité et pour l'accomplissement de tout ce qu'elle pouvait désirer. Il déploya ensuite toute sa rhétorique d'imposteur et d'hypocrite pour s'insinuer dans l'esprit de la princesse sous le manteau d'une grande piété ; et il lui fut d'autant plus aisé de réussir que la princesse, qui était bonne naturellement, était persuadée que tout le monde était bon comme elle, ceux et celles particulièrement qui faisaient profession de servir Dieu dans la retraite.

Quand la fausse Fatime eut achevé sa longue harangue : « Ma bonne mère, lui dit la princesse, je vous remercie de vos bonnes prières ; j'y ai grande confiance, et j'espère que Dieu les exaucera ; approchez-vous et asseyez-vous près de moi. » La fausse Fatime s'assit avec une modestie affectée ; et alors, en reprenant la parole : « Ma bonne mère, dit la princesse, je vous demande une chose qu'il faut que vous m'accordiez ; ne me refusez pas, je vous en prie : c'est que vous demeuriez avec moi, afin que vous m'entreteniez de votre vie, et que j'apprenne de vous et par vos bons exemples comment je dois servir Dieu.

– Princesse, dit alors la feinte Fatime, je vous supplie de ne pas exiger de moi une chose à laquelle je ne puis consentir sans me détourner et me distraire de mes prières et de mes exercices de dévotion. – Que cela ne vous fasse pas de peine, reprit la princesse ; j'ai plusieurs appartements qui ne sont pas occupés : vous choisirez celui qui vous conviendra le mieux, et vous y ferez tous vos exercices avec la même liberté que dans votre ermitage. »

Le magicien, qui n'avait d'autre but que de s'introduire dans le palais d'Aladdin, où il lui serait bien plus aisé d'exécuter la méchanceté qu'il méditait, en y demeurant sous les auspices et la protection de la princesse, que s'il eût été obligé d'aller et de venir de l'ermitage au palais et du palais à l'ermitage, ne fit pas de plus grandes instances pour s'excuser d'accepter l'offre obligeante de la princesse. « Princesse, dit-il, quelque résolution qu'une femme pauvre et misérable comme je le suis ait faite de renoncer au monde, à ses pompes et à ses grandeurs, je n'ose prendre la hardiesse de résister à la volonté et au commandement d'une princesse si pieuse et si charitable. »

Sur cette réponse du magicien, la princesse, en se levant elle-même, lui dit : « Levez-vous et venez avec moi, que je vous fasse voir les appartements vides que j'ai, afin que vous choisissiez. » Il suivit la princesse Badroulboudour ; et de tous les appartements qu'elle lui fit voir, et qui étaient très propres et très bien meublés, il choisit celui qui lui parut l'être moins que les autres, en disant par hypocrisie qu'il était trop bon pour lui, et qu'il ne le choisissait que pour complaire à la princesse.

La princesse voulut ramener le fourbe au salon aux vingt-quatre croisées, pour le faire dîner avec elle ; mais, comme pour manger il eût fallu qu'il se fût découvert le visage qu'il avait toujours eu voilé jusqu'alors, et qu'il craignit que la princesse ne reconnût qu'il n'était pas Fatime la sainte femme, comme elle le croyait, il la pria avec tant d'insistance de l'en dispenser, en lui représentant qu'il ne mangeait que du pain et quelques fruits secs, et de lui permettre de prendre son petit repas dans son appartement, qu'elle le lui accorda. « Ma bonne mère, lui dit-elle, vous êtes libre, faites comme si vous étiez dans votre ermitage ; je vais vous faire apporter à manger ; mais souvenez-vous que je vous attends dès que vous aurez pris votre repas. »

La princesse dîna, et la fausse Fatime ne manqua pas de venir la retrouver dès qu'elle eut appris par un eunuque qu'elle avait prié de l'en avertir, qu'elle était sortie de table. « Ma bonne mère, lui dit la princesse, je suis ravie de posséder une sainte femme comme vous, qui va faire la bénédiction de ce palais. A propos de ce palais, comment le trouvez-vous ? Mais, avant que je vous le fasse voir pièce par pièce, dites-moi premièrement ce que vous pensez de ce salon. »

Sur cette demande, la fausse Fatime, qui pour mieux jouer son rôle avait affecté jusqu'alors d'avoir la tête baissée, sans même la détourner pour regarder d'un côté ou de l'autre, la leva enfin, et parcourut le salon des yeux d'un bout jusqu'à l'autre, et, quand elle l'eut bien considéré : « Princesse, dit-elle, ce salon est véritablement admirable et d'une grande beauté. Autant néanmoins qu'en peut juger une solitaire qui ne s'entend pas à ce qu'on trouve beau dans le monde, il me semble qu'il y manque une chose. – Quelle chose, ma bonne mère ? reprit la princesse Badroulboudour. Apprenez-le-moi, je vous en conjure. Pour moi, j'ai cru, et je l'avais entendu dire ainsi, qu'il n'y manquait rien. S'il y manque quelque chose, j'y ferai remédier.

– Princesse, repartit la fausse Fatime avec une grande dissimulation, pardonnez-moi la liberté que je prends ; mon avis, s'il peut être de quelque importance, serait que, si au haut et au milieu de ce dôme il y avait un œuf de roc suspendu, ce salon n'aurait point de pareil dans les quatre parties du monde, et votre palais serait la merveille de l'univers.

– La bonne mère, demanda la princesse, quel oiseau est-ce que le roc, et où pourrait-on en trouver un œuf ? – Princesse, répondit la fausse Fatime, c'est un oiseau d'une grandeur prodigieuse, qui habite au plus haut du mont Caucase, et l'architecte de votre palais peut vous en trouver un. »

Après avoir remercié la fausse Fatime de son bon avis, à ce qu'elle croyait, la princesse Badroulboudour continua de s'entretenir avec elle sur d'autres sujets ; mais elle n'oublia pas l'œuf de roc, qui fit qu'elle compta bien d'en parler à Aladdin dès qu'il serait revenu de la chasse. Il y avait six jours qu'il y était allé ; et le magicien, qui ne l'avait pas ignoré, avait voulu profiter de son absence. Il revint le même jour sur le soir, dans le temps que la fausse Fatime venait de prendre congé de la princesse et de se retirer à son appartement. En arrivant, il monta à l'appartement de la princesse, qui venait d'y rentrer. Il la salua et il l'embrassa ; mais il lui parut qu'elle le recevait avec un peu de froideur. « Ma princesse, dit-il, je ne retrouve pas en vous la même gaieté que j'ai coutume d'y trouver. Est-il arrivé quelque chose pendant mon absence qui vous ait déplu et causé du chagrin ou du mécontentement ? Au nom de Dieu, ne me le cachez pas ; il n'y a rien que je ne fasse pour vous le faire dissiper, s'il est en mon pouvoir. – C'est peu de chose, reprit la princesse, et cela me donne si peu d'inquiétude que je n'ai pas cru qu'il eût rejailli rien sur mon visage pour vous en faire apercevoir. Mais, puisque, contre mon attente, vous y apercevez quelque altération, je ne vous en dissimulerai pas la cause, qui est de très peu de conséquence. J'avais cru avec vous, continua la princesse Badroulboudour, que notre palais était le plus superbe, le plus magnifique et le plus accompli qu'il y eût au monde. Je vous dirai néanmoins ce qui m'est venu dans la pensée après avoir bien examiné le salon aux vingt-quatre croisées. Ne trouvez-vous pas comme moi qu'il n'y aurait plus rien à y désirer si un œuf de roc était suspendu au milieu de l'enfoncement du dôme ? – Princesse, repartit Aladdin, il suffit que vous trouviez qu'il y manque un œuf de roc, pour y trouver le même défaut. Vous verrez par la diligence que je vais apporter à le réparer qu'il n'y a rien que je ne fasse pour l'amour de vous. »

Dans le moment, Aladdin quitta la princesse Badroulboudour ; il monta au salon aux vingt-quatre croisées ; et là, après avoir tiré de son sein la lampe qu'il portait toujours sur lui, en quelque lieu qu'il allât, depuis le danger qu'il avait couru pour avoir négligé de prendre cette précaution, il la frotta. Aussitôt le génie se présenta devant lui. « Génie, lui dit Aladdin, il manque à ce dôme un œuf de roc suspendu au milieu de l'enfoncement : je te demande, au nom de la lampe que je tiens, que tu fasses en sorte que ce défaut soit réparé. »

Aladdin n'eut pas achevé de prononcer ces paroles que le génie fit un cri si bruyant et si épouvantable que le salon en fut ébranlé, et qu'Aladdin en chancela prêt à tomber de son haut. « Quoi ! misérable, lui dit le génie d'une voix à faire trembler l'homme le plus assuré, ne te suffit-il pas que mes compagnons et moi nous ayons fait toute chose en ta considération, pour me demander, par une ingratitude qui n'a pas de pareille, que je t'apporte mon maître et que je le pende au milieu de la voûte de ce dôme ? Cet attentat mériterait que vous fussiez réduits en cendres sur-le-champ, toi, ta femme et ton palais. Mais tu es heureux de n'en être pas l'auteur, et que la demande ne vienne pas directement de ta part. Apprends quel en est le véritable auteur : c'est le frère du magicien africain, ton ennemi, que tu as exterminé comme il le méritait. Il est dans ton palais, déguisé sous l'habit de Fatime la sainte femme, qu'il a assassinée ; et c'est lui qui a suggéré à ta femme de faire la demande pernicieuse que tu m'as faite. Son dessein est de te tuer ; c'est à toi d'y prendre garde. » Et en achevant il disparut.

Aladdin ne perdit pas une des dernières paroles du génie ; il avait entendu parler de Fatime la sainte femme, et il n'ignorait pas de quelle manière elle guérissait le mal de tête, à ce que l'on prétendait. Il revint à l'appartement de la princesse, et, sans parler de ce qui venait de lui arriver, il s'assit en disant qu'un grand mal de tête venait de le prendre tout à coup, et en s'appuyant la main contre le front. La princesse commanda aussitôt qu'on fît venir la sainte femme ; et, pendant qu'on alla l'appeler, elle raconta à Aladdin à quelle occasion elle se trouvait dans le palais, où elle lui avait donné un appartement.

La fausse Fatime arriva ; et, dès qu'elle fut entrée : « Venez, ma bonne mère, lui dit Aladdin, je suis bien aise de vous voir et de ce que mon bonheur veut que vous vous trouviez ici. Je suis tourmenté d'un furieux mal de tête qui vient de me saisir. Je demande votre secours par la confiance que j'ai en vos bonnes prières, et j'espère que vous ne me refuserez pas la grâce que vous faites à tant d'affligés de ce mal. » En achevant ces paroles, il se leva en baissant la tête ; et la fausse Fatime s'avança de son côté, mais en portant la main sur un poignard qu'elle avait à sa ceinture sous sa robe. Aladdin, qui l'observait, lui saisit la main avant qu'elle l'eût tiré, et, en lui perçant le cœur du sien, il la jeta morte sur le plancher.

« Mon cher époux, qu'avez-vous fait ? s'écria la princesse dans sa surprise. Vous avez tué la sainte femme ! – Non, ma princesse, répondit Aladdin sans s'émouvoir, je n'ai pas tué Fatime, mais un scélérat qui m'allait assassiner, si je ne l'eusse prévenu. C'est ce méchant homme que vous voyez, ajouta-t-il en le dévoilant, qui a étranglé Fatime que vous avez cru regretter en m'accusant de sa mort, et qui s'était déguisé sous son habit pour me poignarder. Et, afin que vous le connaissiez mieux, il était frère du magicien africain votre ravisseur. » Aladdin lui raconta ensuite par quelle voie il avait appris ces particularités ; après quoi il fit enlever le cadavre.

C'est ainsi qu'Aladdin fut délivré de la persécution des deux frères magiciens. Peu d'années après, le sultan mourut dans une grande vieillesse. Comme il ne laissa pas d'enfants mâles, la princesse Badroulboudour, en qualité de légitime héritière, lui succéda, et communiqua la puissance suprême à Aladdin. Ils régnèrent ensemble de longues années, et laissèrent une illustre postérité.

« Sire, dit la sultane Scheherazade en achevant l'histoire des aventures arrivées à l'occasion de la lampe merveilleuse, Votre Majesté, sans doute, aura remarqué dans la personne du magicien africain un homme abandonné à la passion démesurée de posséder des trésors par des voies condamnables, qui lui en découvrirent d'immenses dont il ne jouit point parce qu'il s'en rendit indigne. Dans Aladdin, elle voit au contraire un homme qui, d'une basse naissance, s'élève jusqu'à la royauté en se servant des mêmes trésors qui lui viennent sans les chercher, seulement à mesure qu'il en a besoin pour parvenir à la fin qu'il s'est proposée. Dans le sultan, elle aura appris combien un monarque bon, juste et équitable court de dangers et risque même d'être détrôné lorsque, par une injustice criante et contre toutes les règles de l'équité, il ose, par une promptitude déraisonnable, condamner à mort un innocent sans vouloir l'entendre dans sa justification. Enfin elle aura eu horreur des abominations de deux scélérats magiciens, dont l'un sacrifie sa vie pour posséder des trésors, et l'autre sa vie et sa religion à la vengeance d'un scélérat comme lui, et qui, comme lui aussi, reçoit le châtiment de sa méchanceté. »

Le sultan des Indes témoigna à la sultane Scheherazade, son épouse, qu'il était très satisfait des prodiges qu'il venait d'entendre de la lampe merveilleuse, et que les contes qu'elle lui faisait chaque nuit lui faisaient beaucoup de plaisir. En effet, ils étaient divertissants et presque toujours assaisonnés d'une bonne morale. Il voyait bien que la sultane les faisait adroitement succéder les uns aux autres, et il n'était pas fâché qu'elle lui donnât occasion, par ce moyen, de tenir en suspens, à son égard, l'exécution du serment qu'il avait fait si solennellement de ne garder une femme qu'une nuit et de la faire mourir le lendemain. Il n'avait même presque plus d'autre pensée que de voir s'il ne viendrait point à bout de lui en faire tarir le fond.

Dans cette intention, après avoir entendu la fin de l'histoire d'Aladdin et de Badroulboudour, toute différente de ce qui lui avait été raconté jusqu'alors, dès qu'il fut éveillé, il prévint Dinarzade, et il l'éveilla lui-même, en demandant à la sultane, qui venait de s'éveiller aussi, si elle était à la fin de ses contes.

« A la fin de mes contes, Sire ! répondit la sultane en se récriant sur la demande ; j'en suis bien éloignée : le nombre en est si grand qu'il ne me serait pas possible à moi-même d'en dire le compte précisément à Votre Majesté. Ce que je crains, Sire, c'est qu'à la fin Votre Majesté ne s'ennuie et ne se lasse de m'entendre plutôt que je manque de quoi l'entretenir sur cette matière.

– Ôtez-vous cette crainte de l'esprit, reprit le sultan, et voyons ce que vous avez de nouveau à me raconter. »

La sultane Scheherazade, encouragée par ces paroles du sultan des Indes, commence de lui raconter une nouvelle histoire en ces termes : « Sire, dit-elle, j'ai entretenu plusieurs fois Votre Majesté de quelques aventures arrivées au fameux calife Haroun-al-Raschid ; il lui en est arrivé un grand nombre d'autres, dont celle que voici n'est pas moins digne de votre curiosité. »

CLASSIQUES

Affaire Dreyfus (L')
J'accuse et autres documents - n°201 (*janv. 98*)

Alphonse Allais
L'affaire Blaireau - n°43
A l'œil - n°50

Honoré de Balzac
Le colonel Chabert - n°28
Melmoth réconcilié - n°168

Jules Barbey d'Aurevilly
Le bonheur dans le crime - n°196 (*nov. 97*)

Charles Baudelaire
Les Fleurs du Mal - n°48
Le Spleen de Paris - n°179

Beaumarchais
Le barbier de Séville - n°139

Bernardin de Saint-Pierre
Paul et Virginie - n°65

Pedro Calderón de la Barca
La vie est un songe - n°130

Corneille
Le Cid - n°21

Alphonse Daudet
Lettres de mon moulin - n°12
Sapho - n°86
Tartarin de Tarascon - n°164

Charles Dickens
Un chant de Noël - n°146

Denis Diderot
Le neveu de Rameau - n°61

Fiodor Dostoïevski
L'éternel mari - n°112
Le joueur - n°155

Gustave Flaubert
Trois contes - n°45
Dictionnaire des idées reçues - n°175

Anatole France
Le livre de mon ami - n°121

Théophile Gautier
Le roman de la momie - n°81

Genèse (La) - n°90

Goethe
Faust - n°82

Nicolas Gogol
Le journal d'un fou - n°120

Victor Hugo
Le dernier jour d'un condamné - n°70

Henry James
Une vie à Londres - n°159
Le tour d'écrou - n°200 (*janv. 98*)

Franz Kafka
La métamorphose - n°3

Madame de La Fayette
La Princesse de Clèves - n°57

Jean de La Fontaine
Le lièvre et la tortue et autres fables - n°131

Alphonse de Lamartine
Graziella - n°143

Gaston Leroux
Le fauteuil hanté - n°126

Longus
Daphnis et Chloé - n°49

Pierre Louÿs
La Femme et le Pantin - n°40

Nicolas Machiavel
Le Prince - n°163

Stéphane Mallarmé
Poésie - n°135

Guy de Maupassant
Le Horla - n°1
Boule de Suif - n°27
Une partie de campagne - n°29
La maison Tellier - n°44
Une vie - n°109
Pierre et Jean - n°151

Prosper Mérimée
Carmen - n°13
Mateo Falcone - n°98
Colomba - n°167

Les Mille et Une Nuits
Histoire de Sindbad
le Marin - n°147
Aladdin ou la lampe merveilleuse - n°191

Molière
Dom Juan - n°14
Les fourberies de Scapin - n°181

Alfred de Musset
Les caprices de Marianne - n°39

Gérard de Nerval
Aurélia - n°23
Ovide
L'art d'aimer - n°11

Charles Perrault
Contes de ma mère l'Oye - n°32

Platon
Le banquet - n°76

Edgar Allan Poe
Double assassinat dans
la rue Morgue - n°26
Le scarabée d'or - n°93

Alexandre Pouchkine
La fille du capitaine - n°24
La dame de pique - n°74

Abbé Prévost
Manon Lescaut - n°94

Raymond Radiguet
Le diable au corps - n°8
Le bal du comte d'Orgel - n°156

Jules Renard
Poil de Carotte - n°25
Histoires naturelles - n°134

Arthur Rimbaud
Le bateau ivre - n°18

Edmond Rostand
Cyrano de Bergerac - n°116

Marquis de Sade
Le président mystifié - n°97
Les infortunes de la vertu - n°172

George Sand
La mare au diable - n°78
La petite Fadette - n°205 (*fév. 98*)

William Shakespeare
Roméo et Juliette - n°9
Hamlet - n°54
Othello - n°108
Macbeth - n°178

Sophocle
Œdipe roi - n°30

Stendhal
L'abbesse de Castro - n°117

Robert Louis Stevenson
Olalla des Montagnes - n°73
Le cas étrange du
Dr Jekyll et de M. Hyde - n°113

Anton Tchekhov
La dame au petit chien - n°142
La salle n°6 - n°189

Léon Tolstoï
Hadji Mourad - n°85

Ivan Tourgueniev
Premier amour - n°17

Mark Twain
Trois mille ans chez les microbes - n°176

Vâtsyâyana
Kâma Sûtra - n°152

Paul Verlaine
Poèmes saturniens *suivi de*
Fêtes galantes - n°62
Romances sans paroles - n°187

Jules Verne
Les cinq cents millions de la Bégum - n°52
Les forceurs de blocus - n°66
Le château des Carpathes - n°171

Voltaire
Candide - n°31
Zadig ou la Destinée - n°77
L'ingénu - n°180

Emile Zola
La mort d'Olivier Bécaille - n°42
Naïs - n°127
L'attaque du moulin - n°182

Librio
Le livre à 10 F
191

Achevé d'imprimer en Europe
à Pössneck (Thuringe, Allemagne)
en septembre 1997 pour le compte de EJL
84, rue de Grenelle, 75007 Paris
Dépôt légal septembre 1997

Diffusion France et étranger : Flammarion